KB189641

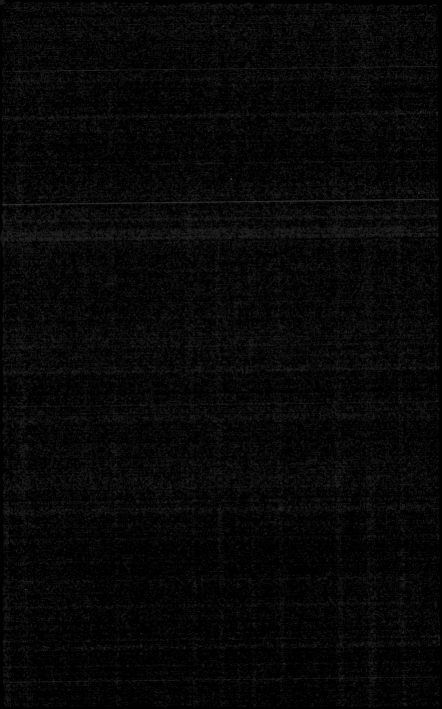

그녀는
다시 태어나지
않기로 했다

붓다를 만난 여인들

그녀는 다시 태어나지 않기로 했다

붓다를 만난 여인들

초판 1쇄 펴냄 2016년 7월 29일

글 조민기 | **그림** 견동한
발행인 이자승 | **편집인** 김용환
출판부장 이상근 | **책임편집** 김재호 | **편집** 김경란, 김소영
디자인 이연진 | **마케팅** 김영관

펴낸곳 조계종출판사
출판등록 제300-2007-78호(2007.04.27.)
주소 서울시 종로구 우정국로 67 대한불교조계종 전법회관 2층
전화 02-720-6107~9 | **팩스** 02-733-6708
홈페이지 www.jogyebook.com

ⓒ 조민기·견동한, 2016

ISBN 979-11-5580-076-8 03220
값 16,000원

그녀는 다시 태어나지 않기로 했다

붓다를 만난 여인들

글 조민기 / 그림 견동한

조계종
출판사

우리는 막연히 부처님을 여성과 아예 동떨어진 존재로 생각하곤 한다. 그러나 부처님은 태어난 순간부터 열반에 드는 순간까지 수많은 여성과 인연을 맺으셨다.

부처님은 모든 성인들과 마찬가지로 여인의 몸에서 태어나셨고, 혼기가 차자 결혼도 하셨다. 누군가의 아들에서 한 여인의 남편이 되는 것은 실로 엄청난 변화이다. 또한 아내와의 사이에서 아들까지 두셨다. 아들과 남편 그리고 아버지로서의 삶을 모두 경험한 것이다. 한 나라의 왕자로서 스물아홉 해를 지내는 동안 부처님은 아들로서 십구 년을, 남편으로서 십 년을 살았다. 하지만 아버지로서의 삶은 찰나에 불과했다. 아들이 태어난 바로 그날, 깊은 밤을 틈타 왕궁을 빠져나온 뒤 출가 수행자의 삶을 시작했기 때문이다.

수행자의 길을 걷게 되신 후 부처님은 여러 여인들을 계속해서 만났다. 그녀들 중 누군가는 부처님에게 귀의해 재가 불자가 되어 많은 재물을 보시하기도 했고, 누군가는 출가 수행자의 길을 선택하여 교단의 명성을 드높이기도 했다. 하지만 모든 인연이 아름다웠던 것은 아니었다. 누군가는 부처님을 이성으로 연모하였고, 누군가는 부처님에게 과감히 청혼하기도 했다. 그뿐만이 아니었다. 누군가는 의도적으로 부처님에게 접근하여 추문을 일으켰고, 부처님의 거절에 상처를 받은 나머지 앙심을 품고 복수를 한 여인도 있다.

한편 부처님이 출가 수행자의 길을 선택하신 것은 인류를 위한 위대한 결정이었지만 어떤 여인에게는 견딜 수 없을 만큼 가혹한 일이었다. 또 깨달음을 성취하신 부처님은 중생에 대한 지극한 자비와 연민의 마음으로 평생 길 위에서 바른 법을 설하며 많은 사람들을 무명의 고통에서 벗어나게 만들어 주셨지만 그 '바른 법'이 어떤 여인에게는 지독한 독화살이

되기도 했다.

　이처럼 알면 알수록 부처님과 여인들의 인연은 참으로 드라마틱한 이야기들로 가득했고, 부처님의 발걸음이 닿는 곳마다 다양한 사연을 지닌 여인들이 항상 등장하곤 했다.

　2,500여 년이 지난 지금도 마찬가지이다. 법당을 채우고 있는 수많은 사람들의 대다수가 여성이다. 이 여성들은 세상 어디에서도 털어놓지 못한 제각각의 사연을 가슴에 품고 부처님을 찾아온다. 참으로 신기한 일이 아닐 수 없다. 부처님은 언제나 여인에게 냉정한 분이셨기 때문이다. 그렇다면 과연 부처님에게 어떤 매력, 어떤 마력이 있기에 부처님 곁에는 늘 여인들이 끊이지 않았던 것일까? 그럼 지금부터 부처님의 여인들을 만나 보도록 하자.

불기 2560년
부처님의 여인, 조민기 합장

차례 ✦

PART
1

싯닷타의
여자들

전생과 현생의 어머니
녹모 부인과 마야 왕비

부처님의 일생에 가장 큰 영향을 준 여인을 꼽는다면 단연 생모 마야Māyā 부인이라고 할 수 있다. 하지만 그녀는 안타깝게도 애타게 기도하여 얻은 아들을 출산한 지 고작 칠 일만에 세상을 떠난다. 부처님을 낳은 어머니, 마야 부인은 사랑하는 아들이 걸음마를 떼고, 태자가 되고, 결혼을 하여 손자를 낳고, 끝내 깨달음을 얻어 부처가 되는 순간을 함께하지 못한다. 지극한 인연과 공덕으로 부처님을 잉태하고 또 낳은 마야 부인은 어째서 그토록 일찍 죽음을 맞이했을까?

부처님을 낳으신 마야 부인

마야 부인은 사캬Sakyā족에서 갈라져 나온 꼴리야Koliya족 안자나Añjana 왕의 장녀였다. 혼기가 찬 그녀는 시하하누Sīhahanu 왕의 장남 숫도다나Suddhodana 왕과 결혼을 한다. 까삘라왓투Kapilavatthu를 다스리는 숫도다나 왕은 왕비의 몸에서 후계자가 태어나기를 간절히 기다렸지만 불행히도 그의 나이가 마흔이 넘도록 아들을 얻지 못했다. 이에 마야 왕비는 하늘과 땅의 신들에게 지극한 정성으로 기도를 올렸다.

그녀의 간절함이 하늘에 닿은 것일까. 어느 여름밤, 마야 왕비는 여섯 개의 어금니를 지닌, 황금으로 치장한 하얀 코끼리가 오른쪽 옆구리로 들어오는 태몽을 꾸고 마침내 그토록 바라던 임신을 하게 된다.

마야 왕비의 임신 소식을 들은 숫도다나 왕은 기쁨을 감추지 못했고, 동서남북의 성문을 활짝 열어 백성들에게 음식과 의복을 베풀었다. 굶주림에 시달리던 이들은 배불리 먹었고, 추위에 떨던 이들은 따뜻한 옷을 입을 수 있었다. 백성들은 숫도다나 왕을 칭송하며 장차 태어날 아기를 축복했다. 한편 마야 왕비는 임신 기간 내내 자애로운 마음이 저절로 솟구쳤고 표정은 항상 온화하여 그녀를 보는 사람마다 행복을 느낄 수 있었다.

순조롭게 열 달을 보낸 마야 왕비는 해산일이 다가오자 친정으로 향한다. 숫도다나 왕의 명으로 특별히 준비한 가마를 타고 이동하던 그녀는 저녁 무렵 온갖 꽃들이 가득한 룸비니Lumbinī 동산에 도착했다. 따뜻한 봄바람 속에서 하룻밤을 보낸 마야 왕비는 아침 일찍 산책을 하던 중 문득 진통을 느꼈다. 시녀들은 황급히 아소까Asoka 나무* 아래에 천막을 치고 출산 준비를 했다. 임시로 만든 산실에 들어간 마야 왕비

---

* 산쓰끄리뜨로 '아소까'는 '우울함이 없다.'는 의미이다. 불교와 힌두교에선 이 나무를 성스럽게 여기는데 한자로 의역해 '무우수(無憂樹)'라고 부른다.

가 오른손으로 나뭇가지를 잡은 순간, 고통을 느낄 틈도 없이 왕자가 태어났다.

비록 화려한 왕궁이 아닌 길 위에서 태어나긴 했지만 꽃들은 향기로, 새들은 노래로, 맹수와 연약한 동물들은 함께 춤을 추며 왕자의 탄생을 축복하였다.

왕자가 태어났단 소식을 들은 숫도다나 왕은 곧바로 룸비니 동산으로 달려갔다. 두 팔에 아들을 안은 왕의 얼굴엔 웃음이 떠나질 않았다. 몸을 추스른 마야 왕비는 숫도다나 왕의 보살핌 속에서 왕자와 함께 궁으로 돌아왔다.

왕자의 탄생이 알려지자 까삘라왓투의 왕궁에는 축하 사절들의 방문이 끊이지 않았고, 이름 높은 브라만Brahman과 선인들은 왕자를 보기 위해 자발적으로 찾아와 덕담과 함께 축복을 내려 주었다. 그런데 이 행복의 절정에서 마야 왕비는 돌연 세상을 떠났다.

웃음소리가 끊이지 않았던 왕궁은 왕비의 갑작스러운 죽음으로 초상집이 되었고, 사랑하는 아내를 잃은 숫도다나 왕은 슬픔에 잠겼다.

가장 안쓰러운 이는 태어난 지 일주일 만에 어머니를 잃은 어린 왕자였다. 그런데 장차 부처가 될 이 어린 왕자와 마야 왕비의 짧은 인연은 이미 아주 오랜 옛날부터 예정된 운명이었다.

사슴의 딸로 태어난 소녀

비바시毘婆尸 부처님*이 계시던 시절, '와라나시Vārāṇasī'에는 많은 선인들과 성인들이 머물며 수행하는 산이 있었다. 그중 한 선인은 북쪽에 있는 굴에서 살고 있었고, 한 선인은 남쪽에 있는 굴에서 살고 있었다. 남쪽 굴에서 살고 있는 선인은 날씨가 좋을 때면 물가에 있는 평평한 바위 위에서 옷을 빨거나 발을 씻었다.

어느 날 암사슴 한 마리가 남쪽 선인이 옷을 빨고 발을 씻은 물을 마시고, 또 그가 오줌 눈 땅을 핥아 먹더니 새끼를 뱄다. 달이 차자 암사슴은 바위 위에서 슬피 울며 사슴이 아닌 인간 여자 아이를 낳았다.

울음소리를 듣고 선인이 밖으로 나오자 사슴은 아이를 두고 달아났다. 선인은 사슴이 낳은 계집아이를 보고 깜짝 놀랐지만 가엾은 마음이 들었다. 그는 갓난아기를 데려와 과일즙을 먹이며 손수 길렀고, 아이는 선인을 아버지로 알고 자랐다.

---

* 석가모니 부처님 이전에 나타난 일곱 명의 부처님인 과거칠불(過去七佛) 중 첫 번째 부처님.

아이가 어느 정도 성장하자 선인은 그녀에게 불을 지키는 일을 맡겼다. 인적이 드문 산속에서는 불이 귀했기 때문에 이는 매우 중요한 일이었다. 행여 불이 꺼지게 될 경우, 북쪽 굴의 선인에게 빌려 오거나 산 아래로 내려가 불씨를 구해 오는 수밖에 없었기 때문이다.

사슴이 낳은 아이가 열네 살이 되던 해, 우려하던 일이 일어나고 말았다. 잠깐의 실수로 그만 불을 완전히 꺼뜨린 것이다. 선인은 하는 수 없이 그녀를 북쪽 굴의 선인에게 보내 불씨를 빌려 오라고 하였다. 한 번도 남쪽 굴 주변을 벗어나 본 적이 없던 그녀는 선인의 말에 따라 태어나서 처음으로 북쪽 굴에 가게 되었다.

그런데 그녀가 북쪽 굴로 가는 순간 신기한 일이 일어났다. 발걸음이 닿는 곳마다 크고 아름다운 연꽃이 솟아나는 게 아닌가. 선인의 딸은 줄지어 피어난 연꽃과 함께 북쪽 굴에 무사히 도착하였다. 마침내 북쪽 굴 선인을 만난 그녀는 불씨를 빌려 달라고 부탁했다. 그러자 선인의 딸이 걸음을 옮길 때마다 연꽃이 피는 것을 본 북쪽 굴 선인이 이렇게 말했다.

"나의 굴을 오른쪽으로 일곱 번 돌고 오너라. 그러면 불씨를 빌려주겠다."

선인의 딸은 불씨를 빌리기 위해 북쪽 굴 선인이 말한 대로 그가 머물고 있는 동굴 주변을 돌고 또 돌았다. 그렇게 일

"이번 생에 오백 벽지불의 사리를 공양한 공덕으로
다음 생에 태어날 나의 아들은 출가하여
일체의 지혜를 얻을 것이며,
많은 중생을 제도하게 될 것이다."

곱 바퀴를 돌고 나자 북쪽 굴은 탐스러운 연꽃에 둘러싸였고, 주변은 온통 그윽한 향기로 진동하였다.

그녀가 마지막 바퀴를 돌고 나자 북쪽 굴 선인은 만족스러운 얼굴로 불씨를 건네주었다. 선인의 딸은 불씨가 꺼지지 않도록 조심스레 발걸음을 옮겨 남쪽 굴로 돌아왔다.

선인의 저주를 받으며 왕비가 되다

그로부터 얼마 지나지 않아 신하들과 함께 산으로 사냥을 온 와라나시의 왕은 아름다운 연꽃이 겹겹이 피어 있는 굴을 발견하였다. 그곳은 바로 북쪽 굴 선인이 살고 있는 곳이었다. 진귀한 연꽃이 동굴을 에워싼 모습을 보고 크게 감동한 왕은 선인의 공덕을 찬탄하며 이렇게 말했다.

"참으로 세상에서 보기 드문 연꽃이로다! 아마도 그대의 청정한 수행 공덕 덕분에 이처럼 아름다운 꽃이 피어난 것이리라."

그러자 북쪽 굴 선인은 왕에게 연꽃을 얻게 된 연유를 고백하였다.

"왕이시여, 이 연꽃은 제가 피운 것이 아닙니다. 남쪽에 있는 굴에 저와 같이 수행을 하는 선인이 살고 있는데, 얼마 전 그의 딸이 불씨를 빌리러 이곳에 왔을 때 피어난 것입니다."

선인의 이야기를 듣는 동안 왕의 마음속에는 자신도 모르게 사랑의 감정이 싹트기 시작했다. 솟구치는 감정을 주체할수 없었던 왕은 곧바로 남쪽 굴 선인을 찾아가 말했다.

"선인이시여, 부디 내가 당신의 딸을 아내로 맞는 것을 허락해 주시오."

남쪽 굴 선인은 갑자기 찾아온 왕의 느닷없는 청혼에 당황하였다. 하지만 왕의 얼굴에는 선인의 딸을 향한 간절함과 열정이 가득했다. 이 상황을 어떻게 받아들여야 할지 몰라 고민하던 그는 그녀는 자신의 딸이 아니라 사슴이 낳아서 굴 앞에버리고 간 아이라는 사실을 털어놓았다. 하지만 왕은 선인의 말에도 아랑곳하지 않고 딸을 만나게 해 달라며 거듭 애원할뿐이었다.

바로 그때였다. 평소처럼 아침 일찍 먹을 것을 찾으러 나갔던 선인의 딸이 남쪽 굴로 돌아왔다. 남루한 옷을 입은 채초라한 바구니를 들고 있는 그녀를 본 왕은 첫눈에 반하고 말았다. 그는 당장 그녀를 좋은 옷과 온갖 보석으로 아름답게꾸며 주었다. 그리고 화려하게 장식한 코끼리에 태워 왕궁으로 데려갔다.

별안간 딸과 헤어지게 된 선인은 산꼭대기에 올라 행렬이 보이지 않을 때까지 하염없이 바라보며 눈물을 흘렸다. 하지만 산을 내려가는 행렬이 사라질 때까지 딸은 아버지를 향해 고개 한 번 돌리지 않았다. 딸과 헤어지는 것을 슬퍼하던 선인은 점차 괘씸한 생각이 들기 시작했다.

한편 평생을 남쪽 굴 안에서 아버지라 여겼던 선인과 단둘이 살아왔던 선인의 딸은 갑작스레 보석으로 치장하고 왕의 품에 안겨 코끼리를 타고 있다는 것이 믿기지가 않았다. 태어나서 그토록 많은 사람을 본 것도 처음이었거니와, 산을 다 내려갈 때까지 자신만을 바라보는 왕의 단호하고 열렬한 눈빛에 압도되어 아버지가 있는 남쪽 굴을 향해 고개 돌릴 여유조차 없었다.

딸의 이런 사정을 몰랐던 선인은 그녀가 갑자기 누리게 된 부귀영화에 눈이 멀었다고 생각하였다. 끝내 딸의 마지막 얼굴을 보지 못하자 선인은 궁으로 향하는 그녀에게 저주를 내렸다.

"내 너를 친자식처럼 여겨 핏덩이 때부터 애지중지 키웠지만 짐승의 자식은 역시 배은망덕하구나. 비록 지금은 왕의 사랑을 받겠지만 행복이 절정에 이르렀을 때 너는 반드시 사랑을 잃게 되리라."

연꽃에서 태어난 오백 명의 왕자

왕궁에 도착하자마자 왕은 불 같은 추진력으로 선인의 딸과 결혼식을 치르고 그녀를 첫 번째 왕비로 삼았다. 왕에게는 이미 오백 명의 부인이 있었지만 그의 눈에 보이는 것은 오직 선인의 딸뿐이었기 때문이다.

왕은 그녀의 출신을 숨기기는커녕 사슴을 어머니로 둔 신비로운 여인이라 하여 '녹모鹿毛 부인'이라고 불렀다. 사람들은 그녀의 출신에 대하여 의문을 가졌으나 왕이 두려운 나머지 본심을 감춘 채 연신 축하의 말만 올렸다.

지극한 사랑을 받은 녹모 부인은 얼마 지나지 않아 아이를 가졌다. 그러자 왕은 더욱 기뻐하며 손수 녹모 부인의 잠자리와 음식을 챙겼고, 만약 아들이 태어나면 후계자로 삼겠다고 발표했다. 다른 부인들은 왕의 총애를 독차지하는 녹모 부인을 질투하며 그녀가 왕에게 버림받기만을 기도했다.

열 달 후 녹모 부인은 진통을 느꼈고, 왕은 다급히 와라나시 최고의 의사들을 불렀다. 하지만 녹모 부인이 낳은 것은 아들이 아니라 커다란 연꽃 한 송이었다.

애타게 아들을 기다리던 왕은 실망을 금치 못했고 녹모 부인에 대한 사랑은 급격히 식었다. 그는 녹모 부인이 낳은 연꽃을 당장 버리라고 명령하며 그녀에게서 왕비의 지위를 박탈했다. 왕의 총애와 왕비의 지위를 잃은 그녀는 이젠 그저 징그러운 '사슴의 딸'일 뿐이었다. 때를 놓칠세라 다른 부인들은 왕에게 녹모 부인에 대한 온갖 나쁜 말을 지어 바쳤다. 선인의 저주가 실현된 것이다. 녹모 부인은 슬픔에 잠겼지만 아무런 원망도 하지 않았고, 그녀가 낳은 연꽃을 왕의 눈에 띄지 않도록 왕궁 연못 부근의 나무 아래 묻었다.

왕은 슬퍼하는 녹모 부인을 외면한 채 날마다 사냥을 다니며 연회를 열었다. 그러던 어느 날 왕은 왕궁 부근의 동산에서 말을 탄 장수들과 코끼리가 대결을 벌이는 격투 대회를 열었다. 그때 오랫동안 체력을 단련해 온 한 장수가 발을 크게 구르자 그 힘으로 인해 땅이 흔들렸다. 그 순간 나무 아래에 묻어 놓았던 녹모 부인의 연꽃이 드러나면서 연못 속으로 떨어졌다. 연꽃은 환한 빛을 내뿜었고, 순식간에 하늘을 영롱하게 물들였다. 흥겨운 마음으로 격투를 구경하던 왕과 신하들은 갑자기 나타난 상서로운 빛을 보곤 격투 대회를 중단시킨 뒤 빛이 시작되는 곳을 찾다가 마침내 연못가에 도착하였다. 연못 안에는 커다란 연꽃이 있었고 빛은 바로 거기서 나오고 있었다.

왕은 신하에게 연꽃을 살펴보고 오라고 명했다. 연못에 들어간 신하는 연꽃의 꽃잎마다 사내아이가 앉아 있는 것을 보고 깜짝 놀라 왕에게 고했다. 오백 개의 꽃잎을 지닌 커다란 연꽃은 해와 달처럼 환하게 빛나는 사내아이 오백 명을 함께 품고 있었던 것이다.

마음에 짚이는 것이 있었던 왕은 신하에게 녹모 부인이 낳은 연꽃을 어디에 버렸는지 물었다. 그의 예상대로 연꽃은 녹모 부인이 낳은 것이었다. 그때서야 왕은 그녀를 외면했던 자신의 잘못을 크게 뉘우쳤고, 궁으로 돌아온 즉시 녹모 부인을 다시 첫 번째 왕비로 삼았다. 그리고 그녀를 비방했던 다른 왕비들에게 벌을 내리고, 연꽃에서 태어난 오백 명의 왕자들에게 젖을 먹이며 돌보아 줄 유모를 구하라고 명령했다. 그러자 녹모 부인이 말했다.

"왕이시여, 갑자기 오백 명의 유모를 구하는 일은 어렵습니다. 이미 왕궁에 오백 명의 왕비가 있으니 그들에게 왕자를 한 명씩 맡아 기르도록 허락해 주십시오."

녹모 부인이 왕의 총애를 잃었을 때 그녀를 내쫓거나 죽이라고 주장했던 왕비들이었다. 녹모 부인의 어진 마음에 감동한 왕은 그녀를 크게 찬탄하였고, 큰 벌을 받게 될까 두려움에 떨던 왕비들은 녹모 부인의 은혜에 크게 감사하며 왕자들을 지극 정성으로 길렀다.

오백 명의 왕자들은 지혜가 충만하고 힘이 장사인 청년으로 자랐고, 이웃 나라에서는 감히 반란을 일으킬 엄두도 내지 못했다. 왕자들 덕분에 전쟁이 멈추자 백성은 안락하고 부유해졌으며, 천하가 편안하자 천신들도 기뻐하였다.

녹모 부인의 서원

그러던 어느 날 오백 명의 왕자들은 문득 세속의 화려함에 허무함을 느꼈다. 왕자로서의 지위를 누리는 것보다 죽음의 두려움에서 벗어나고자 했던 왕자들은 출가를 결심하고 왕과 녹모 부인에게 허락을 청했다. 녹모 부인은 왕자들의 출가를 허락하며 자신이 직접 공양을 할 수 있는 곳에서 수행할 것을 부탁했다. 왕자들은 즉시 머리를 깎고 왕궁 뒤편 망고나무 숲이 있는 아름다운 정원에서 수행을 시작했다.

녹모 부인은 날마다 왕자들을 찾아가 공양을 올렸다. 이윽고 오백 명의 왕자들은 모두 깨달음을 얻었고, 녹모 부인과 왕 앞에서 온갖 신통을 보인 뒤 스스로 몸을 살라 열반하였다. 왕자들이 모두 열반에 이르고 나자 녹모 부인은 아들들의 뼈를 주워 오백 개의 사리탑을 세운 뒤 이렇게 말했다.

"나는 비록 오백 명의 왕자를 낳아 출가시켰고, 그들 모두 깨달음을 얻어 열반하였지만, 중생의 제도를 발원한 아들은 단 한 사람도 없고 제도된 중생 또한 없구나."

그 후 날마다 오백 개의 사리탑에 향을 사르며 예배를 올리던 녹모 부인은 죽음을 앞둔 어느 날 눈물을 흘리며 서원을 세웠다.

"다음 생에 나는 아들을 많이 낳지 않고 오직 한 아들만 낳으리라. 이번 생에 오백 벽지불辟支佛*의 사리를 공양한 공덕으로 다음 생에 태어날 나의 아들은 출가하여 일체의 지혜를 얻을 것이며, 많은 중생을 제도하게 될 것이다."

녹모 부인은 세상을 떠난 후 여러 생을 거듭하였다. 그리고 마침내 꼴리야족 안자나 왕의 첫 번째 공주로 태어나게 되었다. 혼기가 찬 그녀는 사캬족 숫도다나 왕과 혼인하였고, 전생에 자신이 세웠던 서원대로 아들 하나만 낳았다. 그 아들은 그녀의 바람대로 훗날 출가하여 깨달음을 성취하였고, 수많은 중생을 제도하는 부처가 되었다.

그런데 마야 왕비가 아들을 낳은 지 칠 일 만에 세상을 떠난 것은 어떤 이유 때문이었을까? 그것은 부처를 낳은 복을 감당하기 힘들고 또한 아들이 먼저 열반하는 모습을 차마 볼 수 없었기 때문이라고 한다. 하지만 마야 부인과 부처님의 인연은 세속의 죽음으로 끝나지 않았다. 마야 부인은 부처를 낳

---

* 혼자 수행하여 깨달음을 얻은 자.

은 공덕으로 천상 세계인 도리천˙의 천녀로 환생하였고, 부
처님은 깨달음을 성취한 후 그녀를 위해 도리천에 올라 천신
들에게 법문을 설해 주셨다. ✿

부처님의 유일한 아내
야소다라

부처가 되기 전 사캬족 왕자의 신분이었던 싯닷타Siddhattha
는 '원조 엄친아'의 길을 걸었다. 숫도다나 왕의 늦둥이 외아
들로 태어난 그는 어머니 마야 왕비의 배 속에서부터 귀한 대
접을 받았다.

싯닷타는 탄생하는 순간부터 비범한 왕자였다. 용모도
빼어났고, 영특했으며, 자질도 뛰어났다.

왕자는 일곱 살이 되던 해, 나라에서 가장 이름 높은 두 명
의 브라만 학자를 스승으로 맞아 후계자 교육을 받기 시작
했다. 그는 문학, 논리, 종교, 철학, 의학과 약학, 기술 공학
등 육십여 종류의 경전을 모두 배워 통달하였고, 검술, 창술,
궁술, 승마 등의 무술과 군사지략에도 완벽함을 갖추었다. 그
렇게 열다섯 살이 되던 봄, 싯닷타는 강가Gaṅgā 강*에서 이
마를 씻고 숫도다나 왕의 뒤를 잇는 후계자 의식을 올렸다.

조각 같은 외모와 타고난 총명함에 학문 지식과 무술 실력
을 갖추고 '왕의 자리'까지 내정된 이 완벽한 왕자를 차지한
여인은 과연 누구였을까?

---

*   갠지스 강.

태자 싯닷타의 이상형

열일곱 살이 되던 해, 싯닷타는 아내 맞을 준비를 했다. 당연히 고귀한 신분에 뛰어난 미모를 지닌 여인을 선택할 것이었지만 장차 사캬족의 왕비가 될 신부를 고르는 일이었기에 신중을 기했다.

숫도다나 왕이 아들에게 어떤 여인을 아내로 맞고 싶은지 묻자 싯닷타는 기다렸다는 듯 '이상적인 아내'의 조건을 읊었다.

젊고 건강할 것
아름다우면서도 교만하지 않을 것
삿된 생각을 품지 않고 시부모를 자기 부모처럼 섬길 것
주위 사람들을 자신의 몸처럼 돌볼 것
부지런할 것

까다로운 조건이었다. 아무리 왕가에서 성장했다 하여도 이것이 고작 열일곱 살에 불과한 남자의 입에서 나온 말이라 생각하면 정말 놀랍다. 하지만 더욱 놀라운 것은 싯닷타의 이상형이 공개되자마자 수많은 지원자들이 몰렸다는 점이다.

예나 지금이나 제왕가, 재벌가의 가족이 되는 것은 많은 이들에게 선망의 대상이었던 모양이다.

자존심 높고 교만한 사캬족의 뿌리를 찾아서

사실 싯닷타뿐 아니라 사캬족 모두 눈이 높고 교만한 것으로는 둘째가라면 서러울 정도였다. 스스로를 태양의 자손이라고 불렀던 사캬족은 우월의식이 뿌리 깊어 제1계급인 브라만과 브라만의 경전 '베다Véda'에도 예배하지 않았다. 그 정점에 있는 인물이 바로 싯닷타의 아버지 숫도다나 왕이었다.

사캬족의 시조는 '옥까까Okkāka' 대왕이다. 다섯 명의 왕비를 거느렸던 그는 첫째 왕비에게서 네 명의 왕자와 다섯 명의 공주를 얻었다. 그 후 첫째 왕비가 죽자 왕은 가장 젊고 아름다운 아내를 그 자리에 앉혔다. 왕의 총애를 받은 새 왕비는 얼마 후 왕자를 낳았고 기쁨에 찬 옥까까 대왕은 그녀에게 소원 한 가지를 들어주겠다고 약속했다. 그러자 새 왕비는 고심 끝에 자신이 낳은 왕자에게 왕위를 물려줄 것을 청했다.

옥까까 대왕은 성급히 약속한 것을 후회했지만 맹세를 어길 수는 없었다. 어린 왕자를 내세운 새 왕비가 약속을 지킬

것을 계속 요구하자 결국 왕은 세상을 떠난 첫째 왕비의 자
식들, 네 왕자와 다섯 공주를 떠나보냈다. 약속대로 새 왕비
의 아들에게 왕위를 물려줄 경우 정통성을 지닌 첫째 왕비
의 자식들이 위험해질 수 있었고, 왕좌를 둘러싼 다툼이라도
벌어진다면 누가 희생될지 장담할 수 없었기 때문이다. 물론
새 왕비와 어린 왕자를 내치는 방법도 있었다. 만약 그렇게
한다면 어머니를 잃은 왕자와 공주들을 떠나보내지 않아도
왕국의 평화를 지킬 수 있었다. 하지만 새 왕비와 어린 왕자
에 대한 사랑이 훨씬 컸기 때문에 옥까까 대왕은 눈물을 머금
고 장성한 아홉 명의 자식을 포기한 것이다.

왕자와 공주들은 아버지의 명을 순순히 따랐다. 옥까까 대
왕은 길을 떠나는 자식들에게 다른 곳으로 가서 나라를 세울
것을 당부하였고, 오랫동안 왕자와 공주들을 따랐던 많은 이
들이 함께 길을 떠났다.

이윽고 그들은 다른 왕들이 다스리는 나라를 피해 히말
라야 산 부근에 이르렀다. 그때 히말라야 산 아래엔 '까삘라
Kapila'라는 이름의 대大 수행자가 머물고 있었는데, 그는 왕
자와 공주들에게 바로 이곳에 나라를 세우라고 말했다.

왕자와 공주들은 그의 말에 따라 히말라야 산 아래에 집을
짓고 도시 국가를 세웠다. 그리고 수행자의 이름을 따 '까삘
라왓투'라고 불렀다. 나라를 세우고 나자 함께 따라온 대신

들이 왕자들에게 결혼을 권했다. 결혼을 하여 후계자를 낳아 나라와 왕권을 안정시키라는 것이었다. 그러자 왕자들이 말했다.

"우리보다 '종족이 훌륭한' 왕자와 공주를 찾을 수 없고, 종족이 훌륭하지 않은 이들과 결혼하여 자식을 낳으면 '혈통의 깨끗함이 더럽혀지므로' 우리는 누이들과 결혼하기를 원하노라!"

네 왕자는 가장 나이가 많은 누이를 어머니처럼 모시고 다른 네 명의 누이들과 결혼을 하였다. 이 말을 전해 들은 옥까까 대왕은 왕자들이 종족을 무너뜨리지 않고 잘 이끌어 가게 되었음을 칭찬하며 외쳤다.

"오! 왕자들은 진실로 훌륭하구나Sakyā!"

이때부터 이들 종족을 '사캬Sakyā족'이라고 부르게 되었다. 이렇듯 사캬족 남자들의 까다로운 성격은 조상 대대로 이어져 내려온 전통이나 마찬가지였다.

꼴리야족의 아름다운 공주, 야소다라

'까삘라왓투'를 세운 후 자신의 누이들과 결혼한 네 왕자는 그 후 많은 자식을 낳았고 각각 작은 나라를 다스리며 살아갔다.

그들은 계속해서 혈통을 보존하기 위해 자손들끼리 혼인 관계를 맺어 왔는데 특히 사캬족의 한 갈래였던 '꼴리야족'과 친분이 깊었다. 꼴리야족의 시조는 왕자들과 혼인을 하지 않은 제일 큰 공주에게서 시작되었다.

그녀는 문둥병에 걸려 혼자 숲속에 떨어져 살게 되었는데, 그곳에서 같은 병을 앓고 있던 와라나시의 왕 '라마Rāma'를 만나게 되었다. 공주는 그의 도움으로 치료 방법을 알게 되었고, 두 사람은 서로를 정성껏 돌보며 지냈다. 마침내 병은 깨끗하게 치료되었고, 건강을 되찾은 두 사람은 혼인하여 그곳에 자신들의 나라를 세웠다. 이 소식이 알려지자 까삘라왓투의 왕자와 공주들은 크게 기뻐하며 많은 선물을 보내 주었다.

덕분에 마을을 만들었으나 워낙 외지고 숲이 깊은 곳이다 보니 그들이 사는 곳에는 호랑이로 인한 피해가 막심했다. 고심 끝에 두 사람은 가시가 많은 꼴리야 나무를 마을 주변에 빼곡하게 심어 호랑이로 인한 피해를 막았다. 그리하여 그들이 사는 곳은 꼴리야 마을로 불리게 되었고, 두 사람 사이에서 태어난 아이들은 꼴리야족이라고 불리게 되었다. 즉 꼴리야족은 사캬족과 같은 혈통을 가진 셈이었다. 그래서 사캬족과 꼴리야족은 종종 혼인을 하곤 했다. 숫도다나 왕의 아내이자 부처님의 어머님인 마야 왕비와 마하빠자빠띠Mahāpajāpatī 왕비 역시 꼴리야족 출신이었다.

숫도다나 왕이 싯닷타 왕자의 신붓감을 구하기 위해 연회를 베푼다는 소식이 전해지자 많은 귀족과 왕들이 자신의 딸을 앞다투어 추천했다. 숫도다나 왕은 오백 개의 꽃바구니를 준비시킨 후 싯닷타에게 '후보'들을 직접 보고 선택할 기회를 주었다. 이른바 공개 구혼이었다. 신붓감을 찾기 위한 연회가 있던 날, 오백 명의 처녀들이 그야말로 구름처럼 몰려들었고, 싯닷타는 한 사람 한 사람에게 직접 꽃바구니를 나눠주며 그들 중 '이상적인 여인'이 있는지 꼼꼼히 살폈다. 연회장에는 음악 소리가 끊이지 않았고, 처녀들은 모두 눈이 부시도록 아름답게 치장을 하고 있었지만 연회를 즐기는 사람은 아무도 없었다. 오히려 팽팽한 긴장감이 가득했다.

한편 꼴리야족의 왕은 외동딸 야소다라Yasodharā에게 연회에 참석할 것을 권했지만 자존심이 강했던 그녀는 쉽게 승낙하지 않았다. 결국 야소다라 공주는 가장 늦게 연회장에 도착했다. 외모에 대한 자신감이 대단했던 그녀는 별다른 치장도 하지 않았다. 하지만 뒤늦게 도착하여 거침없이 싯닷타를 향해 걸어가는 야소다라의 모습은 화려하게 치장한 처녀들 사이에서 오히려 돋보였다.

싯닷타는 야소다라 공주에게 예를 갖춰 인사했다. 그러나 이미 꽃바구니는 하나도 남아 있지 않았다. 그러자 싯닷타는 미소를 지으며 자신이 끼고 있던 반지를 빼 그녀의 손에 끼워 주었다.

싯닷타가 준 꽃바구니를 품에 안은 채 이를 지켜보던 처녀들은 일제히 한숨을 내쉬었다. 하지만 도도한 야소다라 공주는 꼼짝도 하지 않았고 계속하여 싯닷타를 바라보았다. 그러자 그는 옷에 있던 보석을 하나씩 풀어 그녀에게 건네주었다. 이윽고 야소다라는 싯닷타의 옷에 있던 모든 보석을 받았다. 두 사람 사이에 짧은 침묵이 흘렀다. 그 순간 야소다라 공주는 마침내 미소를 지으며 달콤한 목소리로 말했다.

"이제 괜찮습니다. 지금부터는 제가 왕자님을 장식해 드리겠습니다."

그날 연회의 승리자는 단연 야소다라 공주였다. 그녀는 모두의 부러움 속에서 싯닷타의 아내가 되었다. 야소다라가 왕자의 아내로 정해지자 숫도다나 왕은 꼴리야의 왕에게 사람을 보내 정식으로 청혼을 하였다. 그러자 꼴리야의 왕은 비록 신분과 혈통은 훌륭하지만 싯닷타의 학술과 무예를 직접 두 눈으로 확인해야만 딸을 시집보낼 수 있다고 거만하게 말했다. 완전히 입장이 바뀐 것이다.

"이제 괜찮습니다.
지금부터는 제가
왕자님을 장식해 드리겠습니다."

흠 없는 얼굴, 감출 이유가 무엇이란 말인가!

싯닷타 왕자의 신붓감을 구하는 연회가 열린 지 일주일 뒤, 이번에는 야소다라 공주와의 결혼을 전제로 한 경합이 벌어졌다. 싯닷타가 과연 야소다라의 남편으로 적합한지를 확인하기 위한 경합이었다. 여기에는 무려 오백 명의 내로라 하는 사캬족 청년들이 몰려들었다. 모두 싯닷타의 경쟁자들이었다.

구름처럼 몰려든 백성들이 지켜보는 가운데 경합이 시작되었다. 수학과 언변에서 경쟁자들의 콧대를 납작하게 만든 싯닷타는 궁술과 검술 그리고 말과 코끼리를 겨루는 무술 대회에서 신기한 기술로 온 나라를 놀라게 하였다. 이때 가장 마지막까지 싯닷타 왕자와 경합을 벌인 인물은 데와닷따 Devadatta로 그는 훗날 부처님의 가장 큰 경쟁자이자 교단의 배반자가 된다.

모든 경합에서 우승을 차지한 싯닷타는 마침내 사캬족과 꼴리야족의 축복 속에서 결혼식을 올렸다.

결혼식 날, 사캬족 왕궁에 도착한 야소다라가 가마에서 내리자 깜짝 놀란 궁녀들이 달려왔다. 결혼식이 모두 끝날 때까지 신부는 얼굴을 보여서는 안 되는 것이 전통이었기 때문이다. 하지만 야소다라는 자신의 얼굴을 가린 비단을 활짝 걷은 채 싯닷타를 향해 성큼성큼 걸어가며 말했다.

"흠 없는 얼굴, 감출 이유가 무엇이란 말인가!"

오만한 왕자 싯닷타와 교만한 공주 야소다라는 그야말로 천생연분이었다. 이토록 자존심이 강한 여인이었기에 싯닷타가 몰래 출가를 했을 때 그녀가 받은 충격과 상처는 엄청나게 컸다. 하지만 야소다라는 '싯닷타의 아내이자 부처님의 아내'라는 자부심으로 슬픔을 견디며 명예를 지켰고, 숫도다나 왕이 세상을 떠난 후 사카족 여인들과 함께 출가하여 비구니 수행자가 된다. 부처가 되기 전 싯닷타 왕자를 독차지하고, 그의 자식을 낳았던 유일한 여자, 야소다라. 그녀는 아름다운만큼 자긍심이 드높았던 멋진 여인이었다. ✿

소녀 수자따의 소원과
마왕 마라의 세 딸들

싯닷타 왕자와 야소다라 공주의 결혼은 까삘라왓투를 들썩이게 만들 만큼 성황리에 치러졌다. 하지만 손이 귀한 것은 내력이었는지 두 사람 사이에서는 오랫동안 아이가 생기지 않았다. 숫도다나 왕 또한 첫아들인 싯닷타를 얻기 위해 긴 세월을 기다려 오지 않았던가. 게다가 싯닷타의 관심은 점점 세속에서 멀어져 가고 있었다.

성밖에 나간 싯닷타 왕자

화려한 궁전에서 즐거움만을 누리며 지냈지만 어딘가 마음의 평안을 얻을 수 없었던 싯닷타 왕자는 성밖으로 나가 보고 싶다고 청했다. 예언대로 혹시 왕자가 출가를 하게 될까 가슴이 철렁한 숫도다나 왕은 거리를 깨끗하게 청소한 뒤 좋은 옷과 장신구로 치장을 한 사람들에게 왕자의 행렬을 환영하라고 명했다. 모든 준비가 끝난 후 왕자는 온갖 보석으로 장식한 수레를 타고 마침내 성밖으로 나갔다. 왕자의 행렬을 기다리던 어여쁜 소년과 소녀들이 환호성을 지르며 꽃잎을 뿌렸다. 수레 위에서 그 모습을 보던 왕자는 성밖의 세상도 똑같이 아름답다고 생각했다.

그런데 문득 허리가 굽은 노인이 그의 눈에 들어왔다. 노인은 하얗게 센 데다 몇 가닥 남지도 않은 머리카락을 지녔고, 떨리는 몸을 지팡이에 의지하며 걷고 있었다. 그때까지 추하게 늙은 사람을 본 적 없었던 싯닷타는 그 노인도 한때는 젊은 청년이었다는 것에 큰 충격을 받았다.

행진을 마치고 돌아온 왕자가 깊은 사색에 빠졌다는 이야기를 들은 숫도다나 왕은 더욱 화려한 출궁을 준비했다. 그런데 이번에는 병들어 죽어 가는 자를 발견했다. 싯닷타는 빈부와 귀천, 남녀와 노소를 가리지 않고 누구나 아프고 병들 수 있다는 사실을 알곤 다시 수심이 깊어졌다. 이에 숫도다나 왕은 왕자의 마음을 달래기 위해 세 번째 외출을 더욱 철저하게 준비를 했으나 이번에는 죽은 사람을 태운 상여를 만나게 되었다. 세 번의 외출을 마치고 궁으로 돌아온 싯닷타는 이제껏 누려 온 쾌락이 모두 무상하다고 느꼈다.

다음 날 왕자는 숫도다나 왕의 주선으로 또 한 번 성밖으로 나갔다. 그곳에서 싯닷타는 거친 옷을 입고 삭발을 한 수행자를 만났다. 왕자가 당신은 누구냐고 묻자 그는 자신은 출가사문이며, 늙고 병들고 죽는 고통을 벗어나 영원한 해탈의 자유와 진리를 얻기 위해 수행을 한다고 말했다. 그의 이야기를 들은 싯닷타는 비로소 마음의 안정을 찾았으나 그날 이후 머릿속에서는 출가에 대한 생각이 떠나질 않았다. 하지만 자신만을 바라보는 숫도다나 왕과 사랑하는 아내 야소다라 등 육친의 정을 끊는 것은 쉽지 않았다.

출가 그리고 육 년간의 고행

싯닷타가 스물아홉 살이 되던 해, 야소다라가 아들을 낳았다. 아들이 태어났다는 이야기를 들은 싯닷타는 낮게 탄식했다. 그동안 출가를 하고 싶어도 아버지와 아내를 생각하며 참아 왔는데 이제 자식이 태어났으니 출가는 더욱 어려운 일이 되고 말았기 때문이다.

"아, 라훌라_{Rāhula}* ."

싯닷타의 탄식은 그대로 아이의 이름이 되었다. 이레 후 모두가 잠든 깊은 밤, 자리에서 일어난 그는 잠든 야소다라와 라훌라의 얼굴을 한참 동안 바라보고는 어둠을 틈타 몰래 성을 빠져나왔다. 한참이나 말을 타고 달린 싯닷타는 동이 터 오는 것을 보곤 말에서 내려 스스로 머리카락을 잘랐다. 그리고 머리와 옷을 장식했던 보석을 모두 풀어 마부 찬나_{Channa}

* '속박', '장애'라는 뜻.

에게 주고 홀로 숲으로 들어갔다.

출가 수행자가 된 싯닷타는 깨달음을 얻었다고 자처하는 몇몇 인물들과 만났지만 만족할 수 없었다. 결국 그는 새로운 스승을 찾아 강가 강을 건넜다. 수행자들을 환대하는 마가다Māgadhā국의 수도 라자가하Rājagaha로 가기 위해서였다. 당시 라자가하에는 혁신적인 사상가들이 많았는데, 사리뿟따Sāriputta와 마하목갈라나Mahāmoggallāna의 스승이었던 산자야Sañjaya를 비롯하여 이른바 육사외도六師外道 라 불리는 이들 대부분이 이곳에서 활동하고 있었다.

하지만 싯닷타는 라자가하에서도 완전한 깨달음과 해탈의 길을 아는 진정한 스승을 찾지 못했다. 결국 싯닷타는 그를 따르는 다섯 명의 수행자와 함께 고행을 통해 깨달음을 얻고자 했던 수행자들의 숲에 도착했다. 그곳에서 싯닷타는 삶과 죽음을 넘나드는 극도의 고행을 했다. 지난 스물아홉 해 동안 누려 온 쾌락에서 얻지 못했던 깨달음을 고통을 통해 얻기 위해서였다. 호흡을 멈추거나 음식을 먹지 않는 등 육 년 동안이나 육신을 학대하며 깨달음을 찾는 싯닷타를 향해 수행자들은 존경의 눈빛을 보냈지만, 싯닷타에게 해탈의 길은 여전

*   석가모니 부처님과 같은 시대에 갠지스 강 중류 지역에서 세력을 떨친 여섯 명의 사상가와 그 유파.

히 보이지 않았다.

고통에 짓눌려 쇠약해진 몸으로 실낱 같은 생명을 이어가던 싯닷타는 어느 날 깊은 사색에 잠겼을 때 느꼈던 기쁨을 기억했다. 그리고 선정禪定*에 들었을 때 느끼는 즐거움까지 억지로 피하는 것은 옳지 않다는 결론에 이르렀다. 다시 정진하기 위해 기운을 차리기로 마음먹은 싯닷타는 고행을 끝내기로 결심하고 음식물의 양을 조금씩 늘려 갔다.

고행자 싯닷타에게 죽을 공양한 수자따

음식을 먹고 다소 기운을 회복한 싯닷타는 숲에서 나와 우루웰라Uruvelā 마을로 향했다. 가는 길에 무덤가에 버려진 옷들을 주운 싯닷타는 그것을 깨끗하게 빨았다. 빨래를 하던 여인들은 금방이라도 쓰러질 듯 비틀거리는 싯닷타를 동정 어린 눈으로 바라보았다. 빨래를 끝낸 싯닷타는 몸을 씻기 위해 강으로 들어갔다. 몸이 너무나 허약해져 있어 목욕을 하는

---

* 차분한 마음으로 명상하여 마음의 번뇌를 가라앉히고 사념(思念)을 없애 마음을 고요하게 하는 것. 몸과 마음이 깊게 통일된 상태.

것도 쉽지 않았다. 겨우 목욕을 마친 싯닷타는 물가에 늘어진 나뭇가지를 잡고 간신히 밖으로 나왔다. 지친 몸으로 강기슭에서 잠시 휴식을 취한 그는 길게 자란 머리를 깎고 선정에 들었다.

그때 우루웰라 마을 촌장의 딸 수자따Sujātā가 강의 신에게 바치기 위해 갓 짜낸 신선한 우유에 꿀과 쌀을 넣은 죽을 끓이고 있었다. 그때였다. 수자따가 끓이던 우유죽 위에 '만卍' 자와 같은 표적이 나타났다. 이를 성스럽게 생각하며 우유죽을 들고 강가로 간 수자따는 그곳에서 앙상하게 마른 몸을 했으나 위엄이 넘치는 모습으로 선정에 든 싯닷타를 보게 되었다. 일찍이 까삘라왓투를 다스리는 사캬족의 왕자가 출가하여 고행을 한다는 소문을 들은 적 있었던 그녀는 눈앞에 있는 남자가 싯닷타임을 알아보았다.

왕자의 고행에 깊은 존경과 흠모의 마음을 품고 있었던 수자따는 자신이 정성껏 만든 우유죽을 그에게 바쳤다. 고행을 끝내고 기운을 차리기로 결심한 싯닷타는 수자따가 바친 우유죽을 천천히 마셨다. 이윽고 죽 그릇을 다 비웠을 때 싯닷타의 몸에는 생기가 돌기 시작했다. 싯닷타는 수줍은 듯 상기된 얼굴로 자신 앞에 앉아 있는 수자따를 보며 물었다.

"그대가 준 우유죽은 맛있게 먹었다. 나에게 원하는 바가 있는가?"

우유죽을 준 것에 대한 감사의 인사 대신 원하는 바가 있느냐고 물었다는 것은 대단히 의미심장한 일이다. 싯닷타는 이미 수자따의 마음을 훤히 알고 있었기 때문에 감사의 표시를 하는 대신 질문을 던진 것이리라.

싯닷타가 우유죽 마시는 것을 숨죽여 바라보던 수자따는 그 질문을 마치 기다린 것처럼 망설임 없이 대답했다.

"사캬족의 왕자시여, 저는 오랫동안 당신을 흠모해 왔습니다. 몸이 회복되시면 부디 저의 남편이 되어 주소서."

싯닷타는 그녀가 이런 고백을 할 것임을 짐작하고 있었을 것이다. 보시하는 자의 마음은 바라는 바가 없어야 한다고 하지만 수행자의 걸식은 절대 공짜가 아니다. 훗날 깨달음을 이룬 후 부처님은 탁발할 때 음식을 나눠준 사람에겐 반드시 법문을 전해 주라고 말씀하셨다. 싯닷타가 수자따에게 원하는 것이 무엇이냐고 물어본 것 역시 바로 이런 이유였다. 하지만 남편이 되어 달라는 청은 들어줄 수 없었기에 싯닷타는 차갑게 거절했다.

그러자 수자따는 장차 도道를 이룬 후에 자신을 제자로 삼아 달라고 청했다. 싯닷타는 그녀의 두 번째 청을 기꺼이 수락하였다. 이날 이후 수자따는 날마다 지극한 정성으로 죽을 끓여 싯닷타에게 바쳤다. 그녀가 바친 죽을 먹으며 싯닷타는 차츰 기운을 되찾았고 서서히 건강을 회복했다. 하지만 그가

"사캬족의 왕자이시여,

　　만약 당신이 도를 이루게 되면 저를 제자로 받아 주소서."

아름다운 소녀에게서 죽을 받아먹는 모습을 지켜본 다섯 명의 수행자들은 싯닷타가 고행을 포기하자 타락했다고 여겨 그를 떠났다. 육 년의 고행을 통해 수행자들의 존경을 한몸에 받던 싯닷타는 고행을 끝낸 순간 다시 혼자가 된 것이다.

마왕 마라의 마지막 유혹

수자따로부터 우유죽 공양을 받은 싯닷타는 차츰 건강을 되찾았다. 앙상한 가시 같던 몸에는 따뜻한 피가 돌았다. 뼈 마디마디를 드러내며 말라붙었던 살가죽은 부드러워졌고, 앉거나 설 때마다 어김없이 찾아왔던 어지럼증도 줄어들었다.

이제 어느 정도 기력을 회복했다고 판단한 싯닷타는 숲으로 들어갔다. 숲으로 향하는 길에 그는 목동으로 모습을 바꾼 제석천에게 향긋하고 싱싱한 길상초吉祥草 다발을 받았다. 그는 길상초를 보리수 나무 아래 깔고 앉으며 맹세하였다.

"나는 이 자리에서 일체의 깨달음을 얻지 못하면 죽는다 해도 일어나지 않으리라."

육 년간의 고행 끝에 내린 최후의 다짐이었다.

싯닷타가 가부좌를 틀고 앉아 선정에 든 순간, 그의 미간에서 흘러나온 빛이 욕계의 가장 높은 하늘을 비췄다. 욕계를 다스리던 마왕 마라Māra는 이것이 싯닷타가 장차 부처가 될 징조임을 알아차리고 공포에 떨었다. 그리고 싯닷타를 방해하기 위해 세 명의 미녀, 땅하Taṇhā · 아라띠Aratī · 라가Ragā를 내려보냈다.

그녀들은 바로 마왕의 딸들이었다. 요염하게 치장한 마왕의 딸들은 선정에 든 싯닷타 앞에 나타나 관능적인 춤과 노래로 교태를 부리며 그를 유혹했다. 그녀들은 싯닷타가 부처가 되기 위해 거쳐야 할 첫 번째 장애인 애욕마愛慾魔였다.

하지만 싯닷타는 조금의 흐트러짐도 없었고 청정한 선정의 상태를 잃지 않았다. 그러자 이 선정의 힘으로, 요염하고 아름다운 세 미녀는 머리가 하얗게 세어 주름이 자글거리고 뼈가 앙상한 노파로 변하고 말았다. 놀란 그녀들이 참회를 하자 싯닷타가 동정하며 말했다.

"비록 착한 과보로 하늘의 몸을 받았지만 늙음이 찾아왔구나. 너희의 몸은 아름다우나 마음은 단정치 못하고 탐욕이 강하니 죽으면 악도에 떨어지리라. 아귀, 축생의 몸을 받은 뒤 후회한들 어찌하랴."

자신만만하게 싯닷타를 유혹하려 했던 마왕의 세 딸들은 비탄에 잠겼다. 앙상하게 늙어 버린 그들은 아름다움과 쾌락만이 존재하는 욕계로 돌아갈 수조차 없었다. 마왕의 딸들을 항복시킨 싯닷타는 부처가 된 후에도 수많은 여인들의 유혹을 받게 되지만 모두 이겨 낸다. 🌸

PART
2

부처님께 귀의한
왕의 여자들

황금 가마를 타고 출가한
케마 왕비

태자의 지위를 스스로 버리고 출가 수행자의 삶을 선택한 부처님 앞에 펼쳐진 것은 험난한 가시밭길이었다. 하지만 그런 힘겨운 시간 속에서 '우정'이라는 아름다운 꽃이 피어났으니 그 대상은 바로 마가다국의 빔비사라Bimbisāra 왕이다. 빔비사라 왕은 평생 동안 교단을 후원하며 부처님과 깊은 우정을 나누었다.

부처님과 빔비사라 왕의 인연

부처님 당시 인도에는 여러 나라들이 있었다. 그중에서도 다섯 개의 산이 주위를 둘러싼 아늑한 곳에 자리 잡은 마가다국은 평화로웠고, 비옥한 토양 덕분에 늘 풍요로웠다. 마가다국을 다스리는 이는 스물다섯 살의 젊은 빔비사라 왕이었다. 수행자들을 지극히 존경하며 자애로운 성품을 지닌 왕 덕분에 마다가국에는 주변 나라에서 부러워할 정도로 내로라하는 유명한 논사들이 활동하였다.

그러던 어느 날 빔비사라 왕은 기품 있게 걸어가는 한 젊은 수행자를 보고 한눈에 반한다. 왕은 신하를 보내 수행자가 머무는 곳을 알아냈다. 그리고 그를 직접 찾아가 자신과 함께 마가다국을 다스리자고 청한다. 출신이나 능력을 파악하지도 않은 상태에서 파격적인 제의를 한 것이다. 하지만 수행자는 깨달음을 찾는 것이 더 중요하다며 왕의 청을 거절했다. 그 수행자가 바로 부처님이었다.

그의 굳은 의지에 감동한 빔비사라 왕은 훗날 깨달음을 얻게 된다면 반드시 마가다국에 돌아와서 자신에게 가르침을 들려줄 것을 부탁했다. 평생에 걸친 우정과 인연의 시작이었다. 그로부터 육 년이 흐른 뒤 보리수 아래에서 칠 일간의 선정 끝에 새벽별을 보고, 마침내 깨달음을 이룬 부처님은 약속대로 마가다국으로 향했다.

빔비사라 왕의 다섯 가지 소원

마가다국에 도착한 부처님은 불을 섬기는 브라만 깟사빠 Kassapa 삼형제와 그들을 따르던 천 명의 제자들을 불법에 귀의하게 만든다. 그들 삼형제가 사캬족의 젊은 수행자에게 귀의한 것은 엄청난 화제였다.

한편 부처님이 오셨다는 소식을 들은 빔비사라 왕은 기쁜 마음으로 신하들과 함께 달려갔다. 그는 육 년 전 자신이 한

눈에 반했던 수행자가 바로 부처라는 것을 알아보았다. 하지만 신하들은 늙은 우루웰라깟사빠Uruvelakassapa와 젊은 부처님을 보며 스승과 제자를 헷갈려 했다. 그러자 깟사빠는 부처님의 발에 예배를 올렸다. 그때서야 사람들은 이토록 젊은 수행자가 깟사빠의 스승이자 깨달음을 이룬 부처님이라는 것을 알고 깜짝 놀랐다. 이어서 부처님이 법문을 하자 사람들은 더욱 감탄하여 고개를 숙였다. 이윽고 설법이 끝나자 빔비사라 왕은 감격한 얼굴로 부처님에게 예배를 올리며 말했다.

"저는 왕자였을 때 다섯 가지 원을 세웠습니다. 첫째는 왕위에 오르는 것이었고, 둘째는 저의 영토에 온전히 깨달으신 분이 오시는 것이었으며, 셋째는 그분께 예배를 드리는 것이었고, 넷째는 그분의 가르침을 듣는 것이었으며, 다섯째는 그 가르침을 명료하게 이해하는 것이었습니다. 부처님, 이제 저는 이 모든 소원을 성취했습니다."

부처님을 싫어한 케마 왕비

빔비사라 왕은 대나무가 우거진 아름다운 숲에 부처님과 제자들이 머물 수 있는 사원을 지어 기증하였다. 이 사원이 바로 죽림정사로, 교단 최초의 사원이었다. 그 후 왕은 날마다 죽림정사를 찾아가 부처님의 법문을 들으며 스님들의 공양과 가사 등도 적극적으로 지원하였다. 전륜성왕轉輪聖王[•]이라는 찬사를 받던 빔비사라 왕의 정성 덕분에 부처님과 교단의 명성이 높아질 무렵, 회의론자로 명망이 높았던 산자야의 수제자 사리뿟따와 마하목갈라나가 부처님의 제자가 되기를 청하며 죽림정사를 찾아왔다. 그 둘을 수제자로 맞은 교단은 더욱 체계적인 발전을 이루기 시작했다.

부처님에게 귀의한 빔비사라 왕은 법문을 듣는 기쁨을 나누기 위해 죽림정사에 갈 때마다 수시로 왕비들과 왕자들을 데리고 갔다. 빼어난 외모와 자상한 성품을 두루 갖춘 빔비사라 왕 곁에는 그를 흠모하는 아름다운 여인들이 구름처럼 많았고, 왕의 총애를 받는 왕비와 부인들도 많았다. 그중에서도 유독 사랑스러운 얼굴로 왕의 마음을 사로잡은 왕비가 있었으니, 그녀는 바로 케마Khemā이다.

왕비라는 지위와 아름다운 얼굴을 자랑스럽게 생각했던 케마는 콧대가 높고 자존심이 강했다. 그러던 어느 날 빔비사라 왕이 그토록 존경한다는 부처님이 여인의 육체를 더러운

<hr>

• 　인도 신화에서 통치의 수레바퀴를 굴려, 세계를 통일·지배한다고 알려진 이상적인 제왕.

피고름 덩어리에 비유한다는 이야기를 듣자 불쾌한 생각이 일어났다. 한 번 그런 생각이 들기 시작하자 부처님의 모든 것이 안 좋게 보였다. 부처님이 아내 야소다라를 버리고 출가한 것도, 쾌락과 즐거움이 모두 무상하다고 말하는 것도 이해할 수가 없었다. 케마 왕비에게는 사랑을 듬뿍 받으며 왕비로써 지내는 나날들이 행복이자 즐거움이요 자랑이었기 때문이다. 케마 왕비는 부처님을 점점 더 싫어하게 되었고, 아예 죽림정사를 가지 않기로 작정했다.

그래서 케마 왕비는 빔비사라 왕이 부처님에게 가자고 할 때마다 교태 어린 응석을 부리며 고개를 저었다. 사랑하는 왕비를 부처님과 꼭 만나게 하고 싶었지만 번번이 실패한 빔비사라 왕은 마침내 한 가지 묘안을 생각해냈다.

왕은 마가다국 최고의 시인을 불러 죽림정사의 아름다움을 황홀하게 묘사한 시를 지으라고 명했다. 그리고 음악가에게 시에 어울리는 노래를 만들라고 말했다. 또한 청아한 목소리를 지닌 가수에게 명하여 케마 왕비가 보일 때마다 죽림정사를 찬탄하는 노래를 부르도록 시켰다.

빔비사라 왕의 작전은 성공했다. 부처님에게 귀의한 왕비들과 후궁들은 노래를 들을 때마다 고개를 끄덕이며 죽림정사가 얼마나 아름다운 곳인지 이야기꽃을 피웠다. 하지만 케마 왕비는 대화에 끼어들 수가 없었다. 이런 상황이 반복되자 그녀의 마음속에는 질투와 더불어 죽림정사가 시인의 노랫말처럼 진정 아름다운지 호기심이 생겨났다.

케마 왕비는 고민에 빠졌다. 부처님을 뵙기는 정말 싫었지만 죽림정사에 가 보고 싶은 마음은 강해졌기 때문이다. 결국 케마 왕비는 부처님을 만나지 않기 위해 탁발 시간에 맞춰 몰래 죽림정사를 다녀오겠다는 계획을 세웠다.

부처님의 신통력을 보고 수다원과를 성취하다

다음 날 화려하게 치장을 한 케마 왕비는 탁발 시간에 맞춰 죽림정사로 향했다. 아무도 없을 때 잠깐 구경을 하고 돌아올 생각이었다.

두근거리는 마음으로 사원에 도착한 왕비는 꽃과 나무, 연못이 어우러진 고요하고 아름다운 풍경에 감탄한 나머지 점점 깊숙이 들어갔다.

한편 케마 왕비가 올 것을 미리 아셨던 부처님은 탁발을 가지 않은 채 그녀를 기다리고 있었다. 그 사실을 몰랐던 케마 왕비는 부처님이 계신 곳에 도착하자 깜짝 놀라 자신도 모르게 걸음을 멈췄다. 그런데 부처님 곁에 눈부시게 아름다운 소녀가 있는 것이 아닌가. 천상의 선녀처럼 하늘하늘한 손으로 초록빛 파초 잎을 들어 부채질하는 소녀를 넋 놓고 바라보던 케마 왕비는 자신도 모르게 한숨을 내쉬며 생각했다.

'저 소녀에 비하면 나는 한 마리 나이 든 원숭이에 불과하구나.'

그 순간 놀라운 일이 벌어졌다. 도자기처럼 매끈하던 소녀의 얼굴에 점차 검버섯이 돋아나더니, 삼단처럼 윤기가 흐르던 머리카락이 허옇게 세는 것이었다. 동시에 반짝이던 눈동자는 썩은 생선처럼 생기를 잃었고, 진주처럼 가지런하던 치아도 뭉텅뭉텅 흉하게 빠졌다. 게다가 잘록하던 허리가 점점 굽고 탱탱하던 엉덩이는 축 처져 버렸다. 선녀처럼 아름답던 모습은 오간 데 없이 순식간에 노파가 되어 버린 것이다. 그런데 더욱 충격적인 상황이 이어졌다. 방금 전 소녀였던 노파가 괴로워하며 뼈와 가죽만 남은 몸으로 쓰러지더니 숨을 거둔 것이다. 노파의 시신은 이내 악취를 풍기며 썩어 갔고, 온갖 벌레들이 들끓더니 마침내 백골만이 남아 뒹굴었다. 부처님은 자만심이 강한 케마 왕비를 위해 아름답던 소녀가 늙어서 죽어 가는 모습을 신통력으로 생생하게 보여 주신 것이다.

케마 왕비는 큰 충격을 받았지만 이내 젊음과 아름다움이란 영원하지 않다는 진리를 곧바로 알아차렸다. 케마 왕비의

"케마 왕비여.
몸이란 영원하거나
참된 것이 아니라는 것을 이제 알았는가.
오직 어리석은 자들만이
육신에 집착하여 구하고자 갈망을 일으킨다.
현명한 사람은 이것을 끊어 버리고
애욕을 멀리하여 모든 번뇌를 버리고 출가한다."

생각이 바뀐 것을 아신 부처님은 그녀를 향해 말씀하셨다.

"케마 왕비여, 몸이란 영원하거나 참된 것이 아니라는 것을 이제 알았는가. 오직 어리석은 자들만이 그런 육신에 집착하여 구하고자 갈망을 일으킨다. 현명한 사람은 이것을 끊어버리고 애욕을 멀리하여 모든 번뇌를 버리고 출가한다."

본디 선근이 있었던 케마 왕비는 부처님의 이 짧은 법문을 듣고 곧바로 수다원과*를 성취하였다. 찰나의 순간, 깨달음의 환희를 맛본 케마 왕비는 아름다움이나 왕비의 지위에 대한 집착을 한순간 내려놓았고, 출가하여 부처님의 제자가 되기를 갈망하게 되었다.

"왕이시여, 저는 출가하여 부처님의 제자가 되기를 원하나이다."

그날 케마 왕비가 죽림정사에 갔다는 이야기를 들은 빔비사라 왕은 잔뜩 기대에 부풀어 그녀를 기다리고 있었다. 케마 왕비와 함께 부처님의 법문을 들으러 다닐 생각을 하니 기분이 좋아졌다. 하지만 왕궁으로 돌아온 케마 왕비는 빔비사라 왕 앞에 무릎을 꿇었다. 자만심, 시기, 질투로 가득했던 얼굴은 간데없이 얌전히 무릎을 꿇고 앉은 그녀에겐 고요한 기

---

* 수다원과는 불도(佛道) 수행으로 얻어지는 경지의 한 단계이다. 이 단계를 초기불교에서는 '사과(四果)'라고 하는데, '수다원과 - 사다함과 - 아나함과 - 아라한과'의 단계를 일컫는다.

품만이 자리하고 있었다. 케마 왕비의 달라진 모습을 본 왕은 가슴이 철렁했다. 부처님의 제자를 자청해 온 왕이었지만 사랑하는 왕비가 출가를 원하게 되는 날이 오리라고는 상상조차 해 본 적이 없었기 때문이다.

황금 가마를 타고 출가한 케마 왕비

빔비사라 왕은 쉽게 입을 열지 못한 채 케마 왕비의 얼굴을 가만히 바라보았다. 그녀의 표정은 한 치의 흔들림도 없었다. 이윽고 왕은 힘겹게 입을 열었다.

"케마여, 그대의 출가를 허락합니다. 다만 그대의 출가는 내가 직접 준비하겠습니다."

빔비사라 왕은 케마 왕비가 궁을 나갈 때 탈 마차를 황금으로 만들도록 시켰다. 이윽고 화려하고 아름다운 황금 마차가 완성되었다.

왕비가 출가하는 날, 궁 안에서는 축제 때처럼 화려한 음악이 연주되었고, 화사한 옷을 입은 시동들이 왕비를 태운 황금 마차를 끌기 시작하자 빔비사라 왕은 미소로 그녀를 배웅했다. 케마 왕비를 태운 황금 마차가 거리에 모습을 드러내자 백성들은 꽃을 뿌리며 환호했다.

사람들의 축복 속에서 죽림정사 앞에 도착한 케마는 마차에서 내려 맨발로 부처님을 향해 걸어갔다. 그리고 부처님의 두 발에 이마를 대고 예배를 올린 뒤 탐스러운 머리카락을 자르고 비구니가 되었다.

빔비사라 왕의 주도 아래 축복 속에서 이루어진 케마 왕비의 자발적인 출가 소식은 순식간에 인도 전역에 퍼졌다. 동시에 부처님과 교단의 명성은 더욱 드높아졌다.

출가한 지 보름째 되던 날, 케마는 등불에서 불꽃이 일어나고 사라지는 모습을 관찰하던 중 깨달음을 얻고 아라한과를 성취하였다. 그 후에도 겸손을 잃지 않았고, 더욱 수행에 정진한 케마 비구니는 마침내 부처님으로부터 가장 지혜로운 제자라는 명예로운 칭찬을 받았다. 🌸

우데나 왕의 첫 번째 왕비,
거지 소녀 사마와띠

부처님 당시 인도에서는 지혜와 덕이 높은 브라만들이 왕으로부터 마을을 하사받아 다스리는 경우가 많았다. 이때 마을 이름은 브라만의 이름을 따서 지어졌고, 이들은 대를 이어 '마을 촌장'의 지위를 물려받곤 했다. 부처님의 상수제자上首弟子 사리뿟따의 출가 전 이름은 우빠띳사Upatissa로, 이는 아버지의 이름이자 그의 가문에서 다스리는 마을의 이름이기도 했다. 죽음 앞에서도 두려움 없이 자비와 인욕의 마음을 보여 주었던 여인, 사마와띠Sāmāvatī는 밧다왓띠Bhaddavatī의 대부호 밧다왓띠야Bhaddavatiya의 외동딸이었다.

전염병으로 부모를 잃은 소녀

사마와띠의 원래 이름은 '사마Sāmā'로 그녀의 아버지 밧다왓띠야는 마을을 대표하는 브라만이었다.

사마는 부모님의 사랑을 듬뿍 받으며 마음씨 고운 처녀로 성장했다. 그러던 어느 날 밧다왓띠에 전염병이 크게 돌았다. 처음에는 파리와 벌레들이 떼로 죽더니 이내 쥐, 닭, 돼지, 소 등 가축이 죽어 나갔다. 이어서 하인들까지 목숨을 잃었다. 속수무책으로 발을 구르던 밧다왓띠야는 결국 아내와 딸을 데리고 집과 재산을 모두 놓아둔 채 마을을 떠났다. 목숨을 건지는 것이 우선이었기 때문이다. 그는 꼬삼비Kosambī의 고위 관리인 친구 고사까Ghosaka에게 잠시 몸을 의탁할 생각이었다.

이 무렵 꼬삼비에서는 전염병을 피해 온 사람들을 위해 무료 급식소를 마련하여 음식을 나눠주고 있었다. 밧다왓띠야 가족은 온갖 고생과 굶주림, 목마름을 견디며 가까스로 꼬삼비에 도착했다. 하지만 밧다왓띠야는 거지나 다름없는 초라한 몰골이 부끄러워 도저히 친구를 찾아갈 엄두가 나지 않았다. 그는 일단 목욕을 하고, 무료 급식소에서 나눠주는 음식으로 기운을 회복한 후 친구를 만나러 가기로 결심했다.

빈민구제소에 도착한 사마는 피곤에 지친 부모님을 대신하여 무료 급식소에 음식을 받으러 갔다. 빈민들과 함께 줄을 서서 기다리는 동안 그녀의 얼굴은 수치심과 부끄러움으로 붉어졌다. 마침내 사마가 음식을 받을 차례가 되었을 때 음식을 나눠주던 '밋타Mitta'라는 사람이 그녀에게 물었다.

"몇 사람 몫이 필요한가?"

그녀는 부모님을 생각하며 세 사람 몫이 필요하다고 말했다. 밋타는 그녀의 말대로 삼 인분의 음식을 주었다.

사마가 음식을 가져오자 밧다왓띠야는 자신의 신세를 한탄하며 눈물을 흘렸다. 하지만 염치나 자존심보다는 배고픔

이 먼저였다. 오랜만에 음식 냄새를 맡은 밧다왓띠야의 속은 고프다 못해 쓰려 왔고, 입에서는 침이 흘렀으며, 배에서는 요란한 소리가 났다. 사마는 자신의 몫으로 받은 음식을 아버지에게 양보하였고, 밧다왓띠야는 허겁지겁 정신없이 밥을 먹었다. 하지만 오랜 여정으로 굶주림에 지쳐 있던 그는 갑자기 많은 음식을 먹자 소화를 시키지 못했고, 결국 밤새 앓다가 아침이 밝아 올 무렵 허무하게 눈을 감고 말았다.

다음 날 싸늘한 주검이 된 아버지를 보면서 사마는 눈물을 흘렸다. 믿고 싶지 않을 만큼 비참한 죽음이었다. 하지만 어머니를 위해 그녀는 슬픔을 참고 다시 음식을 구걸하러 갔다. 사마를 본 밋타는 오늘은 몇 사람 몫이 필요하냐고 물었다. 사마는 어머니를 떠올리며 두 사람 몫이 필요하다고 말했다.

모녀는 서로를 위로하며 음식을 먹었다. 하지만 전염병과 피난에 지친 데다 남편의 죽음으로 큰 충격을 받은 사마의 어머니는 결국 그날을 넘기지 못하고 딸만 남겨 둔 채 세상을 떠나고 말았다.

다음 날 아침 어머니의 시신을 수습한 사마는 한순간에 거지와 고아로 전락한 자신의 처지를 슬퍼하며 통곡했다.

그래도 살아야 하기에 그녀는 다시 음식을 구걸하러 갔다. 그날도 배식을 담당하던 밋타는 사마를 보자 몇 사람 몫이 필요하냐고 물었다. 사마는 눈물을 참으며 한 사람 몫만 필요하다고 말했다. 그러자 그는 갑자기 소리를 지르며 욕을 퍼붓기 시작했다.

"이 천한 것! 이제야 네 몫을 아는 모양이로구나. 당장 꺼져라. 너에게 줄 음식은 없다. 삼 일 동안 네가 음식을 받아가는 것을 지켜보았다. 괘씸하게도 그저께는 세 사람 몫을 가져가고, 어제는 두 사람 몫을 가져가더니 이제야 한 사람분을 가져가는구나."

꼬삼비 재정관의 양딸이 되다

무료 급식소의 배식을 맡아 온 밋타는 음식을 받아 가는 사람들의 얼굴을 기억하고 있었다. 사마가 처음 온 날 세 사람의 몫을 받아 가는 것을 기억한 밋타는 그녀를 특히 눈여겨보고 있었던 것이다. 그의 눈에 사마는 뻔뻔하게 음식을 두 배, 세 배씩 타 가는 욕심 많은 거지 소녀로 보일 뿐이었다.

밋타의 호통을 들은 사마는 수치심과 두려움에 말문이 막혔다. 간신히 정신을 차린 그녀는 울먹이며 자초지종을 이야기했다.

"첫날은 부모님과 함께 이곳에 도착하였고 지친 부모님을 대신하여 음식을 받으러 왔기에 세 사람분이 필요하다고 말했습니다. 하지만 어제 아버지가 돌아가셨습니다. 그래서 둘째 날은 어머니와 제 몫으로 두 사람분이 필요하다고 말씀드린 것입니다. 하지만 오늘 아침, 어머니도 돌아가셨습니다. 이제 저는 혼자가 되었기에 한 사람분만 필요하다고 말씀드린 것입니다. 거짓말을 한 것이 아닙니다."

말을 마쳤을 때 사마의 얼굴은 눈물로 범벅이 되어 있었고, 그녀의 이야기를 듣던 밋타의 눈에서도 눈물이 흘렀다. 사마에 대한 동정심과 미안한 마음이 든 밋타는 그날로 그녀를 자신의 집으로 데려가 양녀로 삼았다. 밋타의 양녀가 된 사마는 더 이상 굶주릴 걱정이 없었다. 다만 다음 날부터 무료 급식소에 나와 밋타를 도우며 가난한 사람들에게 음식을 나눠주어야 했다.

무료 급식소에서는 종종 음식을 받아 가려던 사람들끼리 싸움이 벌어졌다. 누군가 새치기를 하거나, 몰래 두 번 음식을 받아 가는 등의 행동이 발각된 것이다. 굶주린 사람들 사이에서 오가는 말들은 거칠었고, 고함 소리는 점점 커졌다. 자신도 급식소에서 음식을 받아 연명한 적이 있던 사마는 그들의 심정을 충분히 이해할 수 있었다. 그녀는 급식소에 울타리를 만들어 들어오는 문과 나가는 문을 구분해 사람들이 줄을 서도록 유도했다. 그러자 음식을 배급받는 사람들 사이에 질서가 잡혔고, 억울한 일을 당하는 사람이 줄어들게 되었다. 그러다 보니 빈민들끼리의 싸움이나 욕설은 저절로 사라지기 시작했다.

밋타는 사마의 지혜에 탄복했다. 그날 이후 사마의 이름에는 '울타리' 혹은 '칸막이'라는 뜻을 지닌 '와띠vati'가 더해져 '사마와띠'라고 불리게 되었다.

한편 꼬삼비의 재정관 고사까는 매일같이 급식소에서 들려오던 시끄러운 소리가 어느 날부터 사라지자 의아한 생각이 들었다. 사실 그는 무료 급식소의 소란스러움을 은근히 즐기고 있었다. 왜냐하면 그 소음이야말로 빈민들에게 음식을 제공하는 자신의 자비로움을 보일 수 있는 좋은 수단이었기 때문이다. 그는 배식을 담당한 밋타를 불러 무료 급식소가 갑자기 질서정연해진 이유가 무엇이냐고 물었다. 그러자 밋타는 그에게 사마와띠의 활약에 대하여 자세하게 말해 주었다. 밋타의 이야기를 들은 고사까는 사마와띠가 바로 자신의 친구 밧다왓띠야의 딸이라는 것을 알게 되었다. 그는 친구의 죽음에 몹시 애통해 하였고, 그가 남긴 하나뿐인 딸 사마와띠를 잘 거두어야겠다고 결심하였다.

고사까는 즉시 사람을 보내 사마와띠를 자신의 양녀로 삼은 뒤 시녀 오백 명에게 그녀의 시중을 들게 하였다. 전염병과 굶주림으로 부모를 잃은 고아 소녀 사마와띠는 꼬삼비 재정관의 양녀가 되었고, 다시 예전처럼 신분에 맞는 부유한 생활을 할 수 있게 되었다.

사마와띠를 왕비로 삼은 우데나 왕

얼마 후 꼬삼비에서는 큰 축제가 열렸다. 평소 외출을 자주하지 않는 귀족 처녀들도 이 기간에는 시녀들과 함께 강으로 목욕을 하러 갈 수 있었다. 고사까의 양녀가 된 사마와띠도 자신의 시중을 드는 오백 명의 시녀와 함께 강으로 목욕을 하러 갔다. 그때 왕궁의 높은 창가에서 축제를 구경하던 우데나Udena 왕은 시녀들과 함께 강가에 나온 사마와띠를 보고 한눈에 반하고 말았다.

사마와띠가 고사까의 딸이라는 것을 알게 된 왕은 그에게 즉시 딸을 궁으로 보내라고 명했다. 그러자 고사까는 출세를 위해 딸을 바칠 수 없다며 간곡하게 거절했다. 이에 분노한 우데나 왕은 군대를 보내 고사까의 집과 재산을 몰수하고, 그와 그의 아내를 거리로 내쫓았다.

한편 목욕을 마치고 돌아온 사마와띠는 집밖으로 쫓겨난

양부모와 집을 막아선 군인들의 모습을 보고 깜짝 놀랐다. 우데나 왕의 비위를 건드렸다는 이유로 한순간에 빈털터리로 전락한 고사까는 사마와띠에게 자초지종을 설명했다.

고사까의 이야기를 들은 사마와띠는 스스로 왕에게 가기로 결심하고 오백 명의 시녀와 함께 왕궁으로 향했다. 사마와띠가 왔다는 이야기를 들은 우데나 왕은 기뻐하며 고사까에게 몰수한 집과 재산을 다시 돌려준 뒤 성대한 결혼식을 올렸다. 사마와띠는 우데나 왕의 첫 번째 왕비가 되었고, 함께 왕궁으로 간 시녀들은 계속해서 그녀의 시중을 들게 되었다.

왕비의 스승이 된 꼽추, 쿳줏따라

왕비가 된 사마와띠는 날마다 자신의 처소를 꽃으로 장식하였다. 왕비는 궁 밖으로 나갈 수 없기 때문에 그녀는 하녀를 시켜 날마다 꽃을 사 오도록 했다. 사마와띠의 꽃 심부름을 하게 된 하녀는 태어나면서부터 굽은 등을 가진 꼽추로, '쿳줏따라Khujjuttarā'라는 이름을 가지고 있었다. 그녀는 왕비가 꽃을 사 오라며 동전 여덟 개를 주면, 네 개는 자신이 갖고 남은 동전으로 꽃을 샀다. 이 사실을 알지 못하는 사마와띠는 당연히 쿳줏따라가 여덟 개의 동전만큼 꽃을 사 온다고 생각했다.

그러던 어느 날 쿳줏따라가 평소와 마찬가지로 꽃을 사러 갔는데 주인이 들여보내 주지 않았다. 이유를 묻자, 부처님이 오셨다며 설법이 끝난 후 꽃을 팔겠다고 하는 것이 아닌가. 하는 수 없이 꽃집 밖에서 설법이 끝나기를 기다리던 쿳줏따라는 부처님의 말씀에 점점 빠져들었고, 설법이 끝날 무렵 수다원과를 성취하게 되었다.

부처님의 가르침을 만난 쿳줏따라는 환희심이 솟은 나머지 왕비가 준 동전 여덟 개를 모두 꽃을 사는 데 사용하였고, 그러다 보니 평소보다 두 배나 많은 꽃을 사게 되었다.

사마와띠는 궁으로 돌아온 쿳줏따라에게 유난히 꽃을 많이 사게 된 연유를 물었다. 그러자 쿳줏따라는 그동안 자신이 동전의 반을 가졌다는 걸 고백하며 우연히 부처님을 만나 법문을 듣게 된 이야기를 해 주었다.

쿳줏따라의 이야기를 들은 사마와띠는 부처님의 법문을 들려주면 그동안 동전을 몰래 빼돌린 것을 용서하겠다고 말했다. 그러자 쿳줏따라는 부처님의 법문을 들려주려면 자신이 사마와띠 왕비보다 높은 자리에 앉아야 한다고 말했다. 부처님의 법문이 더 귀하고 높기 때문이었다. 사마와띠는 기꺼이 꼽추 쿳줏따라에게 자신의 자리를 내어 주었고, 바닥에 단

정히 앉아 법문을 들었다. 처음에는 황당해하던 시녀들도 사마와띠 왕비를 따라 쿳줏따라의 법문을 들었다. 그리고 마침내 바른 지혜에 눈을 뜨게 되었고 크게 기뻐하였다.

그날 이후 쿳줏따라는 사마와띠 왕비의 허락을 얻어 부처님의 법문을 들으러 다녔고, 궁으로 돌아온 후 사마와띠 왕비와 그녀의 시녀들에게 법문을 전해 주었다. 사마와띠는 부처님의 법문을 전해 주는 쿳줏따라를 스승으로 깍듯하게 모시며 매일 목욕을 마친 후 시녀들과 함께 법문을 들었다. 얼마 후 왕비와 오백 명의 시녀들은 모두 수다원과를 성취하게 되었다.

이렇게 곱추 쿳줏따라를 통해 부처님의 가르침을 알게 된 사마와띠 왕비는 크게 감동하였지만 부처님을 직접 뵙지는 못했다. 우데나 왕이 부처님께 귀의하기 전이었던 데다, 왕비의 신분으로 바깥출입이 자유롭지 않았기 때문이다.

부처님을 뵙고 싶어 하는 사마와띠 왕비의 간절한 마음을 누구보다 잘 알았던 쿳줏따라는 고심 끝에 좋은 생각이 떠올랐다. 그것은 바로 궁전의 벽에 몰래 구멍을 내는 것이었다.

탁발을 위해 부처님이 거리에 나오시는 시간에 맞춰 날마다 구멍에 눈을 대고 있던 사마와띠 왕비는 마침내 꿈에 그리던 부처님을 뵐 수 있었다. 부처님을 뵌 그녀는 감격하여 벽을 향해 예배를 올렸다.

탁발을 위해 부처님이 거리에 나오시는 시간에 맞춰
날마다 구멍에 눈을 대고 있던 사마와띠 왕비는
마침내 꿈에 그리던 부처님을 뵐 수 있었다.
부처님을 뵌 그녀는 감격하여 벽을 향해 예배를 올렸다.

부유한 브라만의 외동딸에서 전염병으로 부모를 잃은 고아 소녀로, 무료 급식소에서 음식을 나눠 주던 이의 양녀에서 꼬삼비 재정관의 양녀로, 다시 우데나 왕의 첫 번째 왕비가 된 사마와띠의 이야기는 한 편의 동화 같다. 게다가 꽃 값을 빼돌렸던 하녀 쿳줏따라를 벌하는 대신 그녀를 스승으로 모시고 부처님의 법문을 들으며 수다원과를 성취한 대목에서는 사마와띠의 고운 마음씨와 깊은 선근을 알 수 있다.

　하지만 사마와띠의 이야기는 '그 후로 오래오래 행복하게 살았습니다.'로 끝나지 않는다. 이것이 바로 경전의 묘미라고 할 수 있다. 사마와띠의 남은 이야기는 '마간디야'편에서 다시 만날 수 있다. 🌸

왕비가 된 못생긴 노예 소녀
말리까

부처님이 세상에 출현하는 것은 매우 희유한 일이다. 육년 동안의 고행을 버리고, 치열하고 깊은 선정 끝에 새벽별을 보고 깨달음을 얻은 석가모니 부처님께서도 '당신이 진짜 부처인가?'라는 의심 섞인 질문을 끊임없이 들어야 했다.

꼬살라Kosalā 왕국의 빠세나디Pasenadi 왕도 부처님을 의심했던 인물이었다. 그는 부처님을 처음 보았을 때 너무나 젊은 모습에 깜짝 놀랐다. 그도 그럴 것이 빠세나디 왕과 부처님은 나이가 같았다. 그는 이 세상에 가장 존귀한 존재인 부처가 자신과 동갑내기에 불과하다는 것을 믿을 수가 없었다. 게다가 빠세나디 왕은 부처님의 고향 까삘라왓투를 속국으로 둔 북인도 강대국의 군주였다. 꼬살라 왕국에 부처님의 가르침이 전해진 것이 마가다 왕국보다 늦은 이유도 있지만 이 외에 여러 가지 이유로 빠세나디 왕은 나중에서야 부처님께 귀의하였다.

탐 · 진 · 치에 빠진 빠세나디 왕

➤

빠세나디 왕은 삶의 쾌락과 권력의 달콤함을 즐기고 사랑하던 세속적인 인물이었다. 욕망을 자극하는 유혹 앞에서 한

없이 나약한 것이 빠세나디 왕의 가장 큰 단점이었다면, 그러한 자신의 단점을 잘 안다는 것이 가장 큰 장점이었다. 빠세나디 왕은 욕망으로 인해 곤란에 처할 때마다 부처님을 찾았고, 그때마다 부처님의 설법은 그를 바른 길로 인도하는 길잡이가 되어 주었다.

꼬살라 왕국의 축제가 한창이던 어느 날, 빠세나디 왕은 화려하게 장식된 하얀 코끼리를 타고 사왓티Sāvatthī 거리를 행진하였다. 행렬을 보기 위해 몰려든 사람들이 꽃을 뿌리며 환호하는 모습을 본 빠세나디 왕은 흐뭇함을 감추지 못했다. 그때였다. 북적거리는 인파로부터 문득 고개를 돌린 빠세나디 왕은 창밖으로 얼굴을 내밀고 행렬을 구경하던 한 여인과 눈이 마주쳤다. 왕과 눈이 마주친 여인은 이내 건물 안으로 모습을 감췄다. 이 찰나의 짧은 눈맞춤은 빠세나디 왕의 애욕에 불을 지폈다.

왕궁으로 돌아온 그는 여인에 대한 궁금증과 욕망으로 잠을 이루지 못했다. 왕의 고민을 알게 된 신하가 여인에 대하여 알아보니 그녀는 이미 결혼을 한 유부녀였다. 하지만 빠세나디 왕은 포기하기는커녕 그녀의 남편을 제거해 여인을 차지할 계획만 떠오를 뿐이었다.

날이 밝자마자 빠세나디 왕은 여인의 남편을 왕궁으로 데려오게 한 후 그를 시종으로 삼았다. 가까이 두고 일을 시킨 뒤 그가 작은 실수를 하게 만든 다음 그것을 핑계로 죽여 버리고 여인을 품에 안을 생각이었다. 계획대로만 된다면 백성을 함부로 죽이고 남편이 있는 여인을 힘으로 빼앗은 폭군이란 비난을 피할 수 있을 것이라 생각했기 때문이다.

하지만 자신에게 다가오는 죽음의 그림자를 알기라도 한 듯 남자는 좀처럼 작은 실수 하나 하지 않았다. 남자를 죽일 명분이 없자 왕은 점점 몸이 달았다. 초조해진 왕은 다음 날 아침 일찍 남자를 불렀다. 빠세나디 왕의 부름을 받은 남자는 마침내 올 것이 왔구나 하는 마음으로 궁으로 갔다.

"이 봐라, 성 밖으로 1요자나ᵧₒⱼₐₙₐ* 떨어진 강변에 가서 붉은 진흙과 하얀 연꽃 그리고 푸른 연꽃을 구해 오거라. 오늘 저녁, 내가 목욕을 하는 시간까지 이 세 가지를 반드시 구해 와야 한다. 만약 구하지 못하거나, 구했다 하더라도 오늘 저녁까지 가져오지 못한다면 너를 죽일 것이다."

---

* 한자로 유순(由旬)이라고도 한다. 소가 수레를 끌고 하루에 가는 길을 말하는데, 1요자나는 약 40리의 거리이다.

붉은 진흙, 하얀 연꽃, 푸른 연꽃

한 번도 본 적이 없는 붉은 진흙과 하얀 연꽃 그리고 푸른 연꽃을 어디서, 어떻게 구할 수 있단 말인가. 남자는 그때서야 왕이 자신을 죽이려 한다는 것을 확실히 알았다. 하지만 만약 명령을 거부한다면 그 자리에서 목숨을 잃을 판이었다. 하는 수 없이 알겠노라 대답을 하고 집으로 돌아온 남자는 아내가 싸 준 음식을 챙겨 성문을 나섰다.

무거운 발걸음으로 걷던 그는 해가 중천에 떠오르자 한숨을 쉬며 강가에 있는 나무에 기대앉았다. 어디로 가야 할지, 어떻게 찾아야 할지 막막하기만 했다. 일단 배라도 든든하게 채워야겠다고 생각하며 아내가 싸 준 음식을 꺼내는데, 한 나그네가 지나가는 것이 아닌가. 한눈에 보기에도 지쳐 보이는 나그네는 오랫동안 길을 걸어왔는지 기력이 없어 보였다.

남자는 나그네를 불러 자신이 가진 음식 중 가장 맛있는 것을 나눠주었다. 몹시 배가 고팠는지 정신없이 음식을 먹는 나그네 옆에서 남자는 남은 음식을 먹었다. 하지만 그조차 잘 넘어가지 않았다. 간신히 한 입 삼킨 남자는 자신의 몫이었던 음식을 모두 강물에 던진 후 눈물을 흘리며 외쳤다.

"용왕이시여, 배고픈 나그네와 나누어 먹고 남은 이 음식을 당신께 바칩니다. 이 선행의 공덕과 음식을 모두 당신에게 바치니 부디 제 청을 들어주십시오. 왕이 저를 죽이기 위해 붉은 진흙과 하얀 연꽃, 푸른 연꽃을 찾아오라는 명령을 내렸습니다. 제가 이 세 가지를 찾을 수 있도록 도와주십시오."

남자의 안타까운 사정을 들은 용왕은 용궁의 보물창고에서 붉은 진흙과 하얀 연꽃, 푸른 연꽃을 챙겨 남자에게 주었다. 노인의 모습을 한 용왕에게서 왕이 요구한 세 가지를 모두 구한 남자는 감사의 절을 하고 성문을 향해 달려갔다. 하지만 남자가 도착했을 때 성문은 이미 굳게 닫혀 있었다. 만에 하나 그가 용궁의 세 가지 보배인 붉은 진흙과 하얀 연꽃, 푸른 연꽃을 구해 올 경우를 대비하여 빠세나디 왕이 일찍 성문을 닫아 버린 것이다.

성안에 들어갈 수 없게 된 남자는 빠세나디 왕의 잔인함에 치를 떨었다. 그는 너무나 억울한 나머지 성벽에 붉은 진흙을 바르고 그 위에 하얀 연꽃과 푸른 연꽃을 꽂은 후 소리쳤다.

"나는 억울합니다. 왕이 저를 죽이려 하고 있습니다. 나는 왕이 요구한 것들을 가져왔지만 성문을 일찍 닫아 버렸습니다."

성문 밖에서 고래고래 소리를 지른 남자는 그래도 성문이 열리지 않자 지친 몸을 이끌고 기원정사 근처에서 뜬눈으로 밤을 보냈다.

같은 시각, 날이 밝는 대로 남자를 죽이고 그의 아내를 궁으로 데려올 생각에 빠세나디 왕도 잠을 이루지 못하고 있었다. 그런데 갑자기 왕의 귀에 소름 끼치는 비명소리가 들려오기 시작했다. 당황한 왕은 시종과 신하들, 후궁들까지 불렀지만 비명소리를 들은 사람은 아무도 없었다. 기이하게도 비명소리는 빠세나디 왕에게만 들리는 것이었다. 이게 무슨 일이란 말인가. 방금 전까지 욕망에 들떠 있던 왕은 이젠 두려움 때문에 잠을 이룰 수가 없었다.

자비의 어머니, 말리까 왕비의 조언

밤을 꼬박 새운 빠세나디 왕은 날이 밝자마자 예언과 제사를 담당하는 브라만들을 황급히 불러 이것이 무슨 징조인지 해석하라고 명했다. 하지만 이들이라고 왕에게만 들리는 비명 소리의 정체를 알 리 없었다. 그러나 체면상 모른다고 할 수도 없는 일이었다. 왕의 표정에서 두려움과 공포를 읽은 브라만들은, 이는 재앙이 닥칠 징조이며 큰 제사를 지내야만 면할 수 있다고 둘러댔다. 그리고 말, 소, 염소 등 각종 가축과, 어린 남자아이와 여자아이 백 명씩을 신에게 제물로 바쳐야 한다고 말했다.

두려움으로 바른 판단력을 잃은 빠세나디 왕은 절박한 심정으로 당장 희생제를 지낼 것을 명했다. 왕명이 떨어지자 병사들은 제사에 필요한 동물과 어린 소년, 소녀들을 바치라며 백성들을 다그쳤다. 느닷없이 가축과 자식을 빼앗긴 백성들의 통곡이 사왓티를 뒤흔들었다.

갑작스러운 소란으로 궁 안이 시끄러워지자 말리까Mallikā 왕비가 왕에게 달려왔다. 말리까 왕비를 본 빠세나디 왕의 얼굴에 안도감이 스쳤다. 그녀라면 자신의 두려움을 해결해 줄 것이라는 믿음 때문이었다.

"왕이시여, 무엇 때문에 백성들이 저처럼 슬피 우는 것입니까?"

말리까 왕비의 얼굴을 본 빠세나디 왕은 횡설수설하며 자초지종을 딜어놓았다. 그러자 왕비는 일단 희생제를 멈추고 부처님을 찾아가 보자고 왕을 설득했다. 차분하게 자신을 설득하는 왕비의 모습에 마음이 조금 진정된 빠세나디 왕은 '부처님'이라는 소리에 정신이 번쩍 들었다.

"그렇다! 한량없는 지혜를 갖추신 부처님이라면 비명소리가 들리는 원인과 해결 방안을 알고 계실 것이다. 왜 그 생각을 하지 못했을까. 지금 당장 부처님께 가야겠다!"

빠세나디 왕은 말리까 왕비와 함께 즉시 부처님이 머물고 계신 기원정사로 향했다. 사원에 도착하자 거짓말처럼 밤새 도록 귓속을 파고들었던 비명소리가 사라졌다. 이윽고 부처님이 계신 곳에 도착한 왕은 예배를 올린 후 밤새 잠을 이루지 못한 이야기를 털어놓았다. 빠세나디 왕이 이야기를 마치자 부처님은 잠시 침묵한 후 이렇게 말했다.

"왕의 귀에 들려온 그 소리는 전생에 악행을 저지른 자들이 지옥의 고통 속에서 울부짖는 소리입니다. 죽음이나 재앙이 닥칠 징조가 아니니 너무 두려워하지 마십시오."

재앙이 닥치지는 않을 것이라는 부처님의 말씀에 빠세나디 왕은 마음이 탁 놓았다. 하지만 전생의 악행을 저지른 자들이 지옥에서 울부짖는다는 이야기가 이상하게 신경 쓰였다.

"지옥에 있는 자들은 도대체 전생에 무슨 짓을 했기에 그런 비명을 지르는 겁니까?"

빠세나디 왕의 물음을 들은 부처님이 빙그레 미소를 지으신 후 말씀하셨다.

"아득한 옛날 가섭迦葉 부처님*이 계셨을 때, 오로지 먹고 마시며 여인과 쾌락을 즐기는 것에 재산을 탕진한 네 명의 형제가 있었습니다. 이들은 남에게 아무런 선행도 베풀지 않고

---

*   과거칠불 중 여섯 번째 부처님.

욕망만 분출하며 살아온 과보로, 죽어서 아비지옥阿鼻地獄*에 떨어졌습니다. 지옥에서 이들을 기다린 것은 뜨거운 쇳물이 펄펄 끓는 가마솥에 들어가는 형벌이었습니다. 이 고통스러운 형벌에서 벗어나는 방법은 단 하나, 게송** 한 편을 외우는 것입니다. 하지만 가마솥 밖으로 얼굴을 내밀 수 있는 시간이 너무나 짧았고, 이들은 게송의 첫 마디를 외우기도 전에 다시 가마솥으로 들어가야 했습니다. 왕께서 들으신 그 비명소리는 이들 네 형제가 가마솥 밖으로 얼굴을 내밀 때 외친 게송의 첫 마디입니다."

부처님이 말씀을 마치셨을 때 빠세나디 왕의 입은 바짝 말랐고 등에서는 식은땀이 흘렀다. 그는 지금까지 욕망을 채우기 위해 재물과 권력을 마음대로 사용해 왔을 뿐 아니라 그것이 악업을 짓는 행동이라고 생각하지 않았다. 게다가 음욕 때문에 죄 없는 남자를 죽이고 그의 아내를 취하려 했으니 죽은 후 아비지옥에 떨어진 형제들보다 더한 형벌을 받게 될 것이 분명했다.

빠세나디 왕은 가슴이 철렁했다. 자신이 얼마나 큰 잘못을

---

* 　불교에서 이야기하는 지옥 중 지극히 무거운 죄를 지은 자가 가게 되는 곳이다. 받는 고통이 쉴 사이가 없는 지옥으로 이러한 뜻에서 '무간지옥(無間地獄)'이라고도 불린다.

** 　불가에서 부처의 가르침이나 고승들의 깨달음을 담은 운문 형식의 글.

저질러 왔고 또 저지르려 했는지 깨달은 왕은 부처님께 머리를 조아리며 말했다.

"부처님, 어젯밤 저는 잠 못 이루는 자에게 밤이 얼마나 긴 것인지 뼈저리게 느꼈습니다."

왕궁으로 돌아온 빠세나디 왕은 죽이려 했던 남자를 집으로 돌려보내고 희생제를 멈출 것을 명하였다. 그리하여 어린 소년, 소녀들은 모두 가족의 품으로 돌아갈 수 있었고, 백성들은 빼앗긴 가축을 돌려받았다. 빠세나디 왕의 마음을 바꾼 사람이 말리까 왕비라는 것을 알게 된 사람들은 왕비의 공덕을 크게 찬탄하였고, 그녀를 '자비의 어머니', '생명의 은인'이라고 부르며 칭송하였다. 또한 빠세나디 왕은 자신의 악행을 막아 준 말리까 왕비를 더욱 총애하게 되었다.

노예 소녀 까뻴라의 보시와 발원

아름다운 여인을 좋아하는 빠세나디 왕에게는 화려하고 요염한 아름다움을 뽐내는 후궁들이 많았다. 그녀들 중에는 귀족 가문이나 브라만 출신도 많았다. 그런데 빠세나디 왕이 가장 사랑하는 여인은 그저 평범한 외모에 낮은 신분을 지닌 말리까였다. 도대체 그녀는 어떤 매력으로 왕을 사로잡은 것일까? 사실 말리까가 왕비의 자리에 오르게 된 것은 조금 특별한 사연이 있었다.

원래 말리까 왕비는 재스민 정원을 관리하던 노예였다. 재스민 정원의 주인은 야즈냐닷타Yajnyadatha로 그는 꼬살라 왕국의 대부호이자 브라만이었다. 노예 시절 그녀의 이름은 '까삘라Kapila'였는데, 못생긴 얼굴과 볼품없는 행색을 한 그녀는 재스민 정원을 빛나게 해 주는 존재인 동시에 옥에 티였다. 까삘라로 인하여 재스민 정원의 아름다움은 더욱 빛이 났지만, 화사한 꽃들 사이에서 그녀의 초라한 행색이 더욱 도드라졌기 때문이다. 비천한 신분과 지독한 가난을 물려받은 까삘라는 얼굴까지 못나서 일찌감치 미래에 대한 꿈도 희망도 접은 채 하루하루를 살아갔다.

어느 날 아침, 평소처럼 먹을 것을 챙겨 재스민 정원으로 향하던 까삘라는 길에서 한 스님을 발견하였다. 그저 걷고 있을 뿐이지만 온몸에서 뿜어져 나오는 위엄과 넋을 잃게 만드는 단정한 얼굴, 티끌만큼의 번민조차 없어 보이는 청정한 표정에 절로 고개가 숙여졌다. 그 순간 그녀의 마음속에서 문득 이런 생각이 들었다.

'만약 지금 이 스님에게 내가 가진 먹을 것을 보시한다면 좋은 일이 생길 것이다.'

생각은 이내 확신이 되었다. 마음의 소리를 따라 스님을 향해 예배를 올린 까삘라는 자신이 가진 먹을 것을 바쳤다. 행여 행색이나 신분 때문에 거절당할까 마음을 졸였으나 스님은 기꺼이 그녀의 보시를 받아 주었다. 태어나서 처음으로 무언가를 베풀어 본 까삘라는 기쁨을 느꼈다. 수행자에게 보시를 하여 큰 복을 받았다는 이야기들을 떠올린 그녀는 즐거운 마음으로 재스민 정원에 도착했다.

이른 아침이었지만 재스민 정원에는 까삘라보다 먼저 온 사람이 있었다. 한눈에 보기에도 범상치 않아 보이던 남자는 진귀한 보석으로 치장한 옷을 입고 화려하게 장식된 활과 화살을 지니고 있었다. 남자가 놀라지 않도록 천천히 다가간 까삘라는 자신의 신분과 이름을 밝힌 후 웃옷을 나무 아래 펼쳐 그가 쉴 자리를 만들어 주었다. 지쳐 있던 남자는 까삘라가 안내하는 대로 앉아서 땀을 식혔다.

남자가 시원한 나무 그늘에 앉아 있자 까삘라는 그가 목을 축일 수 있도록 차가운 물을 가져다주었다. 그리고 커다란 연잎에 물을 담아 와 남자의 발을 씻어 주었다. 그녀의 정성 어린 시중에 긴장이 풀린 남자는 피곤이 몰려왔는지 꾸벅꾸벅 졸기 시작했다. 그러자 까삘라는 남자가 편히 잠을 잘 수 있도록 눕힌 후 단단하게 뭉친 어깨와 다리를 주물러 주었다. 남자는 이내 단잠에 빠졌다.

'만약 지금 이 스님에게
내가 가진 먹을 것을 보시한다면
좋은 일이 생길 것이다.'

남자의 정체는 바로 꼬살라 왕국의 국왕인 빠세나디 왕이었다. 이른 아침 신하들과 함께 사냥을 하다가 그만 길을 잃고 일행들과 떨어져 야즈냐닷타의 재스민 정원까지 오게 된 것이었다. 왕은 우연히 만난 노예 소녀의 현명하고 차분한 시중에 감탄하였다. 한편 한 번도 빠세나디 왕을 본 적이 없었던 까삘라는 자신의 시중을 받으며 잠이 든 남자가 왕이라는 것을 꿈에도 몰랐다.

　빠세나디 왕이 휴식을 취하는 사이 재스민 정원에 도착한 신하들은 왕의 무사한 모습을 보자 안도하였다. 그 후 왕은 신하들과 궁으로 돌아가려던 왕은 순간 까삘라의 모습이 눈에 밟혔다. 지금 그녀를 두고 간다면 다시 만나기 어려울 것 같다는 생각이 들자 갑자기 마음이 급해졌다. 빠세나디 왕은 야즈냐닷타를 불러 까삘라를 궁으로 데려가고 싶다며 그녀의 몸값을 지불하겠다고 말했다. 왕의 의중을 알지 못했던 야즈냐닷타가 대답을 망설이자 왕은 까삘라를 아내로 삼을 것이라고 말했다. 왕의 말을 들은 신하들과 야즈냐닷타는 자신의 귀를 의심하였다. 하지만 왕의 표정은 진지하고 단호했다. 결국 빠세나디 왕은 그 자리에서 까삘라의 몸값을 지불하였고, 그녀와 함께 궁으로 향했다.

왕비가 된 노예 소녀

　자신이 시중을 든 남자가 누구인지 몰랐던 까삘라는 궁에 도착한 후에야 그가 빠세나디 왕이라는 것을 알고 깜짝 놀랐다. 그렇게 까삘라는 하루아침에 노예에서 왕의 후궁이 되었다.

　후궁이 된 그녀는 '까삘라'라는 이름 대신 재스민 정원에서 왔다는 의미를 담은 '말리까'로 불리게 되었다. 후궁이 된 말리까는 다른 후궁들과 화목하게 지냈고, 착하고 소박한 성품 덕분에 총애를 받았다.

　그러면서도 교만하지 않는 말리까의 현명하고 온화한 모습을 어여쁘게 생각한 빠세나디 왕은 마침내 그녀를 왕궁의 첫 번째 왕비로 삼았다.

　왕비가 된 말리까는 어느 날 문득 자신이 누리고 있는 행운의 원인이 무엇일까 곰곰이 생각해 보았다. 아무리 생각해도 가난하고 못생긴 노예가 일국의 왕비가 된 것은 기적 같은 일이었다. 지난 과거를 회상하던 말리까는 문득 길에서 우연히 만난 스님에게 먹을 것을 바쳤던 일을 떠올렸다. 그리고 바로 그날이 자신과 빠세나디 왕이 재스민 정원에서 처음 만난 날이라는 것을 깨달았다.

말리까는 시녀에게 기억 속 스님에 대하여 자세하게 이야기하고는, 이런 스님을 혹시 본 적 있느냐고 물었다. 그러자 시녀는 당연하다는 듯 고개를 끄덕이며 말했다.

"왕비님께서 말씀하신 분은 부처님이 분명합니다. 이 사왓티에서 그런 얼굴과 모습을 갖추신 분은 오직 부처님밖에 안 계십니다."

시녀의 대답을 들은 말리까 왕비는 갑자기 가슴이 두근거렸다. 그 스님이 진정 부처님이란 말인가. 부처님을 뵙고 진실을 확인하고 싶었던 그녀는 빠세나디 왕의 허락을 받은 후 시녀들과 수행원들을 거느리고 기원정사를 찾았다. 멀리서 설법 중이신 부처님을 뵌 순간, 말리까 왕비는 자신이 만났던 스님이 바로 부처님이라는 것을 알았다. 부처님께서 설법을 마치시자 그녀는 벅찬 마음으로 예배를 올렸다. 그 후 말리까 왕비는 빠세나디 왕이 부처님께 귀의하도록 설득하였고, 죽는 날까지 자비와 선행을 베풀며 행복하게 살았다.

노예에서 왕비가 된 말리까의 이야기는 복을 구하는 많은 사람들에게 귀감이 되었고, 그들을 부처님의 가르침으로 인도하는 역할을 하였다. 이로 인해 더욱 많은 공덕을 쌓은 말리까 왕비는 이승에서의 삶을 마친 후 도솔천의 천녀로 태어났다. 🌸

부처님을 따른
좋은 여자들

———

여성 재가 불자의 영원한 롤 모델
위사카

예수님과 부처님을 떠올렸을 때 가장 인상적인 것은 언제나 길 위에서 가르침을 펴셨다는 점이다. 그럴 때면 많은 사람들이 구름처럼 몰려들었다. 그런데 예수님의 설교를 듣기 위해 언덕 위로 몰려온 많은 사람들 중, 예수님과 열두 명의 제자들에게 물 한 잔 대접하는 이가 드물었다. 그래서 예수님은 자신의 설교를 들으러 온 가난한 사람들을 위해 다섯 개의 빵과 두 마리의 생선으로 기적을 행할 수밖에 없었다.

반면 부처님은 탁발할 때를 제외하고 주로 '초대'를 받으셨다. 왕들과 부자들의 초대가 이어지면서 부처님 당시 대규모 법회는 많은 사람들을 충분히 수용할 수 있는 장소에서 진행되었고, 법회를 주최한 사람은 동참한 사람들 모두 식사를 할 수 있을 만큼의 음식을 준비하는 것이 전통이 되었다. 그래서 부처님은 1,200명이 넘는 제자들을 대동한 대규모 법회를 수차례 성공적으로 진행할 수 있었다.

여성 재가 불자의 롤 모델이라고 할 수 있는 위사카Visākha는 부처님의 가장 든든한 후원자 중 한 명이다. 그녀의 큰 업적은 기원정사 동쪽에 천 명이 넘는 인원을 수용할 수 있는 규모의 건물, 녹자모鹿子母 강당을 기증한 것이다. 뜨거운 햇살이나 비바람을 피할 수 있는 녹자모 강당은 훗날 '법당'의 기원이 되었고, 이곳에서 부처님은 많은 경전을 설하셨다.

선근이 깊고 총명한 재벌가의 손녀

위사카의 할아버지 멘다까Meṇḍaka는 앙가Aṅga 왕국 출신의 대부호였다. 앙가 왕국은 부처님 당시 인도에서 가장 강성했던 나라 중 하나로 마가다, 까시, 꼬살라, 왓지, 말라, 왐사, 아완띠 등과 어깨를 나란히 하던 국가였으나 빔비사라 왕에 의해 멸망하였고, 영토는 마가다 왕국에 병합되었다. 그 후 멘다까는 새로운 수도 라자가하로 이주하여 사업을 더욱 크게 확장하였다.

그는 일찍이 부처님께 귀의하였고, 부처님과 제자들을 집으로 자주 초대하여 공양을 올린 뒤 법문을 듣곤 했다. 이때 위사카는 일곱 살 어린 소녀였으나 할아버지의 어깨 너머로 부처님의 설법을 듣고 수다원과를 성취할 정도로 선근이 깊고 총명하였다.

시간이 흘러 그녀의 혼기가 다가올 무렵, 꼬살라 왕국의 마하꼬살라Mahākosala 대왕이 세상을 떠나고 빠세나디 왕이 새로운 왕으로 즉위하였다. 이에 빠세나디 왕은 빔비사라 왕에게 새로운 동맹을 제안하며 조건을 제시하였는데 그것은 바로 멘다까의 아들 다난자야Dhanañjaya를 꼬살라 왕국의 무역 도시 '사께따Sāketa'로 이주하게 해 달라는 것이었다.

왕자 시절, 딱까실라Takkasilā에서 유학을 했던 빠세나디 왕은 다양한 국가의 왕자들과 브라만들, 상인들과 교류하며 외교적 감각을 쌓았고, 학문을 두루 섭렵하며 꼬살라 왕국의 번영에 대한 계획을 세워 놓았다. 그 후 왕위에 오른 그는 사상가들을 우대하며 신흥 종교에 후원을 아끼지 않았고, 군사와 행정을 정비하였다. 그런데 빠세나디 왕이 국가의 운영을 위해 가장 중요하게 생각한 것은 따로 있었다. 바로 경제였다.

부를 쌓는 가장 빠른 방법은 다른 나라를 빼앗는 것으로, 당시 인도에서 정복 전쟁은 드문 일도 아니었다. 하지만 전쟁을 하려면 군사를 훈련시켜야 했고, 이에 소요되는 비용 또한 무시할 수 없었다. 따라서 빠세나디 왕은 전쟁보다는 동맹과 연합을 통해 국방을 안정시키고, 상업과 무역을 발전시켜 경제적 번영을 일으키고자 했던 것이다.

사께따는 빠세나디 왕이 의도적으로 계획한 무역 도시였고, 그는 이 도시의 발전을 위해 심혈을 기울였다. 빔비사라 왕에게 라자가하의 대부호 멘다까의 아들 다난자야를 사께따로 이주하게 해 달라고 요청한 것도 바로 이런 이유에서였다.

사께따가 무역 도시로 빠르게 성장하기 위해서는 다난자야처럼 다양한 분야에 걸쳐 방대한 사업을 해 온 유능한 사업가가 필요했다. 다난자야가 이주를 하게 되면 그의 사업 대부분이 사께따로 옮겨질 것이고 그렇게 되면 다난자야와 거래하는 많은 상인들과 그들을 상대로 하는 더 많은 장사치들이 모여들 것이라고 기대했던 것이다.

범비사라 왕은 빠세나디 왕의 제안을 받아들이는 한편 자신의 누이동생을 그의 왕비로 맞게 하였고, 이로써 두 나라의 동맹은 더욱 견고해졌다. 그리하여 위사카는 아버지를 따라 사께따에 정착하게 되었다.

과연 빠세나디 왕의 예상대로 다난자야의 이주는 사께따 성장의 원동력이 되었다. 다난자야 또한 빠세나디 왕의 전폭적인 지원을 받으며 더욱 사업을 확장해 나갔다.

얼마 지나지 않아 다난자야와 그의 딸 위사카에 대한 소문은 꼬살라 왕국의 수도 사왓티에까지 널리 알려지게 되었다. 그러자 사왓티의 부호 미가라Migāra는 다난자야에게 위사카를 며느리로 삼고 싶다며 혼인을 청했다. 그렇게 위사카는 미가라의 아들 뿐나왓다나Puṇṇavaḍḍhana와 혼인을 하였고 시댁이 있는 사왓티에 새롭게 자리를 잡았다. 이때 다난자야는 딸만 홀로 사왓티에 보내는 것을 안타까워하며 많은 지참금을 보내 주었고, 사왓티 최고의 브라만 여덟 명을 찾아가 위사카의 후견자 역할을 부탁하였다.

시아버지 미가라와의 종교적 갈등

미가라는 막대한 지참금과 함께 자신의 집안으로 시집온 위사카를 무척 예뻐하였다. 하지만 문제는 신앙이었다. 부처님 당시 인도는 자유로운 사상가들이 왕성하게 활동하고 있었는데, 이들은 세속에 물들어 타락한 브라만교*의 권위를 부정하고 새로운 학설과 사상을 주장했다. 이때 가장 강성한 세력을 자랑했던 여섯 명의 중요 사상가를 '육사외도'라고 한다. 이 '육사외도' 중에서도 완벽한 무소유를 주장하며 나체로 수행을 하는 자이나교**는 당시 불교의 가장 강력한 경쟁 세력으로 많은 신도들을 거느리고 있었다. 위사카의 시아버지 미가라와 남편 뿐나왓다나 역시 나체 수행을 하는 자이나교의 열렬한 신도였다. 오직 위사카 한 사람만이 부처님의 가르침을 굳게 따르고 있었다.

위사카를 며느리로 맞은 미가라는 기쁜 마음으로 자이나교 수행자 오백 명을 집으로 초대하여 공양을 대접하였다. 위

---

*   고대 인도에서 '베다' 경전을 근거로 성립된 종교이다. 카스트 제도의 상급 계급인 '브라만' 계급을 중심으로 전개되었다.

**   육사외도 중 한 명인 니간타(Nigantha)가 창시한 종교.

사카는 태어나 처음으로 나체 수행자들을 보고 깜짝 놀랐으나 그 자리에서는 내색하지 않았다.

어느 날 미가라는 위사카의 시중을 받으며 막 끓인 따끈한 죽을 먹고 있었다. 이때 스님 한 분이 탁발을 오셨다. 하지만 미가라는 본 척도 하지 않았다. 옆에 서 있던 위사카는 민망하고 속이 상하였다. 친정이었다면 눈치 볼 것 없이 당장 공양을 올리고 감로수 같은 법문을 들을 수 있었을 것이나 상황이 여의치 못했다. 그녀는 빈손으로 돌아가는 스님에게 용서를 구하며 말했다.

"용서하십시오, 스님. 저의 시아버님이신 미가라 장자長子*께서는 묵은 것만을 잡수십니다."

맛있게 죽을 먹고 있던 미가라는 위사카의 말을 듣자 얼굴이 붉게 달아올랐다. '묵은 음식'이라는 단어에는 '배설물'이라는 뜻도 담겨 있었다.

'저 낡은 옷을 입은 수행자에게 용서를 구하며 내가 먹고 있는 음식을 '묵은 것'이라고 말하다니. 아무리 내가 저를 다난자야의 딸이라 하여 오냐오냐 받아 주었다지만 시아버지를 모욕하는 것에도 정도가 있지!'

화가 치밀어 오른 미가라는 입맛이 뚝 떨어져 죽그릇을 내

려놓고는 위사카를 노려보며 참았던 고함을 질렀다.

"못된 말을 지껄이는 며느리 따위는 필요 없으니 당장 내 집에서 나가!"

미가라의 폭언을 들은 위사카는 자신의 후견자인 여덟 명의 브라만을 불러 누구에게 잘못이 있는지 따져 보고 자신에게 허물이 있다는 결론이 나오면 친정으로 돌아가겠다고 말했다. 소식이 전해지자 여덟 명의 브라만들이 곧바로 미가라의 집으로 왔다.

먼저 미가라가 입을 열었다. 그는 위사카가 자신이 죽을 먹고 있을 때 '묵은 것'만 먹는다고 말했다며 이를 근거로 버르장머리가 없다고 주장했다. 미가라가 말을 마치자 위사카가 나섰다.

"제가 그 말을 한 것은 사실입니다. 시아버지께서는 집 앞으로 탁발 오신 스님을 보자 고개를 돌리셨습니다. 그것을 보고 말한 것입니다. 시아버지께서 잡숫고 계신 음식은 모두 전생에 지었던 복덕이 남긴 유산일 뿐 새로운 복을 짓지 않으시기 때문입니다."

미가라와 위사카의 이야기를 들은 여덟 명의 브라만들은 한참을 토론한 끝에 위사카의 주장이 옳으며 '묵은 것만 잡수신다.'는 그녀의 표현은 잘못된 것이 아니라는 결론을 내렸다. 그러자 위사카는 고개를 숙여 여덟 명의 브라만과 미가라에게 인사를 한 뒤 말했다.

"감사합니다. 저에게 허물이 없다는 것이 밝혀졌으니 제 스스로 이 집에서 나가겠습니다."

그러자 당황한 미가라는 위사카를 붙잡았다. 며느리에게 허물이 있어서 쫓겨날 때에는 빈 몸으로 나가야 하지만 허물이 없는 며느리를 쫓아낼 때에는 그녀가 가져온 지참금의 두 배를 물어 주어야 하기 때문이었다. 위사카가 가져온 지참금은 미가라가 가진 전 재산의 몇 배나 되었다.

다급해진 미가라는 수레에 오른 위사카 앞에 엎드려 잘못을 빌었다. 그러자 위사카는 부처님과 그 제자들도 공양 초대를 하고 싶다고 청했다. 당시 부처님과 제자들은 마가다국 죽림정사에서 주로 지내고 있을 때로 꼬살라국에는 불법이 아직 제대로 전해지지 않고 있었다. 미가라는 불교에 별다른 관심이 없었고 부처님을 공경하는 마음도 전혀 없었지만, 위사카를 붙잡기 위해 어쩔 수 없이 부처님과 제자들을 집으로 초대하여 공양 올리는 것을 허락하였다.

이때 위사카는 부처님이 계신 죽림정사 방향을 향해 서서 허공에 대고 부처님과 그 제자들을 초대했다고 한다. 꼬살라 왕국에서 멀리 떨어진 죽림정사에 머물고 계시던 부처님은 공양 초대를 청하는 위사카의 목소리를 듣고 신통력을 발휘하여 그녀 앞에 모습을 나타내 초대를 수락하셨다. 위사카의

초대는 꼬살라국에 불교가 전해지는 데 매우 중요한 역할을
하게 된다.

부처님의 설법을 듣고
수다원과를 성취한 미가라

부처님과 제자들이 위사카의 초대를 받고 미가라의 집으
로 가던 날 외도들은 엄청나게 방해를 했다. 이들은 미가라와
같은 대부호를 부처님께 '또' 빼앗기지 않기 위해 온갖 훼방
을 놓았지만 부처님은 천신 제석의 도움으로 제자들과 함께
하늘을 날아 미가라의 집에 도착했다. 그러자 외도들은 부처
님이 설법을 하지 못하도록 집밖에서 소동을 피웠다. 하지만
부처님은 이번에도 위신력을 발휘하였고 아무 걸림 없이 법
문을 설하셨다.

부처님과 마주치지 않으려고 몸을 숨기고 있던 미가라는
법문이 시작되자 자신도 모르게 점점 빠져들기 시작했다. 그
리고 마침내 지혜의 눈을 뜨고 수다원과를 성취하였다. 부처
님의 법문을 처음 들은 미가라는 크게 감동하였고 환희심이
솟구쳤다. 이날 집안 곳곳에 숨어서 부처님과 제자들이 돌아

가기만을 기다리던 미가라의 모든 가족들은 법문이 끝나자 부처님께 귀의하였다.

그날 이후 위사카는 미가라의 전폭적인 지원 속에 친정에서 해 왔던 것처럼 부처님과 교단에 보시를 계속할 수 있게 되었고, 미가라의 자손과 재산은 날로 번창하였다.

부처님과 교단의 열렬한 추종자가 된 미가라는 자신을 부처님께 인도해 준 며느리 위사카에 대한 고마움의 마음을 감추지 않았다. 그는 무지몽매했던 자신을 바른 진리의 길로 인도해 준 위사카를 가리켜 어머니 같은 존재라고 불렀고, 집 안의 모든 살림과 권한을 맡겨 며느리가 아니라 어머니를 대하듯이 존중해 주었다. 그 후 위사카는 '미가라의 어머니', 즉 '미가라마따Migāramātā'라고 불리게 되었다. 이는 한자로 음역하여 '녹자모鹿子母'라고도 한다.

부처님께 동원정사를 기증하다

시아버지 미가라의 지원 속에서 위사카는 보시의 여왕으로 거듭났다. 그녀는 수닷따Sudatta 장자가 제따Jeta 태자의 정원을 구입하여 부처님과 제자들이 머물며 수행을 할 수 있도록 사원을 짓는다는 이야기를 듣자 엄청난 재산을 보시하였다.

이윽고 기원정사가 완성되어 부처님이 사왓티에 오시자, 위사카는 비가 내리는 우기나 햇볕이 뜨거운 건기에도 부처님과 스님들이 편안하게 수행과 법문을 할 수 있도록 천 명 이상 수용 가능한 강당이 있는 쾌적하고 아름다운 건물을 지어 부처님께 기증하기로 했다.

그녀는 백팔십만 금金을 내어 기원정사 동쪽에 있는 넓은 땅을 구입해 건물을 짓기 시작했다. 아홉 달 후 기원정사 동쪽에 커다란 이층짜리 건물이 완공되었다. 이 건물은 기원정사의 동쪽에 있다 하여 '동원정사'라고 불렸고 혹은 미가라의 어머니라고 불리우던 위사카가 기증한 건물이라 하여 '녹자모 강당'이라고도 불렸다.

이 외에도 위사카는 평생 보시에 힘을 썼는데 비구 스님에게는 비옷을, 비구니 스님에게는 목욕 후 입을 수 있는 옷을, 병든 사람에게는 죽을, 병든 이를 간호하는 사람에게는 밥을, 먼 곳에서 온 비구 스님과 비구니 스님에게는 죽을 공양할 것을 발원하여 지켰다고 한다. 지혜를 발휘하여 시아버지와 시댁 식구들을 교단에 귀의하게 하고 무비無比의 보시를 실천한 위사카는 재가 여성 불자의 진정한 롤 모델이라고 할 수 있다. ❀

지혜를 발휘하여
시아버지와 시댁 식구들을
교단에 귀의하게 하고
무비의 보시를 실천한 위사카는
재가 여성 불자의 진정한 롤 모델이라고 할 수 있다.

웨살리 제일의 기녀
암바빨리

부처님이 가장 사랑했던 도시는 어디일까?

인간의 몸을 받기 전, 도솔천에 머물던 조띠빨라Jotipāla 보살*은 장차 자신이 태어날 나라들을 살펴보았다. 앙가, 마가다, 까시, 꼬살라, 왓지, 말라, 왐사, 아완띠 등 당시 가장 강성했던 열여섯 나라가 후보에 올랐다. 하지만 보살이 가장 마지막으로 선택한 곳은 스스로를 태양의 후예라고 생각하는 사꺄족의 까삘라왓투였다.

히말라야 자락에 있는 작지만 풍요로운 이곳에서 태어나 스물아홉 살까지 머물렀던 부처님은 출가 후 오십 년 동안 인도 각지를 돌아다니며 길 위에서 가르침을 펼쳤고, 여든 살의 나이로 꾸시나라Kusinārā에서 열반에 드셨다.

보드가야Bodhgayā는 부처님이 위없는 최상의 깨달음을 성취한 곳이다. 그 후 부처님은 사르나트Sārnāth로 발걸음을 옮겨 그곳에서 첫 설법을 하고, 다섯 명의 제자를 받아 교단을 만든다. 그리고 깨달음을 얻으면 설법을 하겠노라고 약속했던 빔비사라 왕과의 약속을 지키기 위해 마가다국으로 가던 중 우루웰라깟사빠를 비롯한 깟사빠 삼형제와 그들을 따르던 천 명의 제자들을 불법에 귀의시킨다.

빔비사라 왕은 부처님과 천 명이 넘는 제자들이 머무를 수

* 　　석가모니 부처님의 전생.

있도록 수도 라자가하 부근에 죽림정사를 지어 교단에 기증했다. 이곳에서 부처님은 사리뿟따와 마하목갈라나를 상수제자로 맞이하고, 마하깟사빠Mahākassapa를 의발제자衣鉢弟子로 맞는다.

꼬살라국의 거부 수닷따 장자가 귀의한 곳도 죽림정사였다. 그는 부처님을 고국으로 모셔 오기 위해 황금을 주고 제따 태자의 정원을 사서 꼬살라의 수도 사왓티에 기원정사를 짓는다. 사리뿟따가 건축 총감독을 맡았던 기원정사에서 부처님은 가장 많은 설법을 하셨다.

천상을 닮은 아름다운 도시, 웨살리

하지만 부처님이 진정으로 사랑한 도시는 고향 까삘라왓투도, 죽림정사가 있는 라자가하도, 가장 많은 설법을 하셨던 사왓티도 아닌 웨살리Vesāli이다. 웨살리는 왓지Vajjī 국에 속한 자치 도시였다. 왓지 국은 각각의 도시들이 자치적으로 운영하는 연맹국이었고, 웨살리를 다스리는 이들은 명문 왕족 출신의 릿차위Licchāvi족이었다. 온갖 보석과 비단으로 치장한 옷을 사랑했던 릿차위족은 상상 속 하늘 사람들의 모습으로 비유되곤 하였다.

부처님께서는 천상이 어떤 모습인지 궁금하거든 웨살리를 보라고 말씀하셨다. 무역을 바탕으로 막대한 부를 축적한 웨살리는 7,707개의 연못과 7,707개의 누각, 7,707개의 공원과 7,707개의 둥근 지붕을 가진 건물이 있는 화려하고 아름다운 도시였기 때문이다.

그렇다고 사치스럽고 화려하기만 한 도시라 생각한다면 오산이다. 웨살리는 그 어떤 지역보다 불법이 널리 퍼진 곳이며 최강의 재가 불자로 손꼽히는 위말라Vīmala 거사의 고향이기도 하다. 부처님은 마지막 안거安居*를 마친 뒤 열반의 땅, 꾸시나라로 가기 전 웨살리에 들르셨다. 그리고 자신을 시봉하는 아난다Ānanda 존자에게 말씀하셨다.

"아난다야, 웨살리를 보는 것도 이것이 마지막이구나."

하지만 무엇보다 웨살리를 빛낸 것은 세상에서 가장 아름다운 미녀, 암바빨리Ambapālī였다. 그녀의 명성이 높아질 때마다 웨살리도 함께 선망의 도시로 떠올랐다. 또한 암바빨리를 한 번이라도 만나기 위해 돈과 보석을 가지고 몰려든 남자들로 웨살리는 더욱 번창하였다.

---

* 출가한 승려가 일정 기간 동안 외출하지 않고 한곳에 머무르면서 수행하는 제도.

망고나무 아래 버려진 갓난아기,
절세미인이 되다

　세상에서 가장 아름다운 여인, 암바빨리의 신분은 춤과 노래 그리고 웃음과 함께 몸을 파는 기녀였다. 하지만 암바빨리가 처음부터 이런 생활을 원했던 것은 아니다.

　그녀는 갓난아기 때 망고나무 아래에 버려진 고아로 친부모가 누구인지 아무도 몰랐다. 버려진 그녀를 발견한 것은 근처에 살고 있던 왕실의 정원사였다. 그는 아기에게 '망고나무'를 뜻하는 '암바 Amba'라는 단어를 붙여 '암바빨리'라는 이름을 지어 주고 그녀를 친딸처럼 키웠다.

　암바빨리는 자라면서 점점 아름다워졌다. 누가 가르친 적이 없는데도 타고난 춤과 노래 솜씨는 보는 사람을 매혹시켰고, 한 번이라도 그녀를 본 남자들은 넋을 잃었다.

　절세미인 암바빨리에 대한 소문은 점차 사람들의 입을 타고 릿차위족 왕자들에게까지 전해졌다. 왕자들은 호기심을 참지 못하고 암바빨리를 만나러 왔다.

　달려오는 왕자들을 보고 놀란 암바빨리는 눈을 동그랗게 떴다. 그리고 웃으며 우아하게 인사를 올렸다. 찰나의 미소와 작은 손짓만으로 그녀는 왕자들의 마음을 사로잡았다. 암바빨리의 얼굴을 보기 위해 사이좋게 달려왔던 왕자들은 순식간에 연적으로 돌변하여 그녀를 차지하기 위해 싸웠다. 힘으로는 도저히 승부가 나지 않자 왕자들은 암바빨리의 보호자인 정원사를 불렀다. 그러고는 서로 자신이 암바빨리를 아내로 맞겠다고 주장하며 목청을 높였다. 왕자들의 다툼이 치열해질수록 분위기는 점점 험악하게 변해 갔다. 누구를 고른다 하여도 선택받지 못한 왕자들의 미움을 살 것이 불 보듯 뻔했다.

고민에 빠진 정원사는 암바빨리에게 선택권을 넘겼다. 어차피 왕자들 중 한 사람을 골라야 한다면 차라리 암바빨리가 직접 선택하는 편이 낫겠다고 생각한 것이다. 하지만 현명한 암바빨리는 아무도 고르지 않음으로써 왕자들의 다툼을 종결시켰다.

"제가 만약 왕자님들 중 한 분을 고르면 다른 왕자님들이 가만히 있지 않을 것입니다. 저를 차지하지 못한 왕자님은 자신의 권위가 흔들렸다고 생각하여 분노할 것이고, 그 분노는 수많은 사람들을 고통에 몰아넣을 수 있습니다. 차라리 저는 누구 한 사람의 여인이 되어 원망을 사고 폭력을 부르느니 모두의 여인이 되겠습니다."

목소리마저 달콤한 암바빨리의 선언이 끝나자 왕자들의 다툼도 끝났다. 그녀는 왕자들 누구라도 자신을 차지할 수 있고 자신 또한 왕자들을 모두 차지할 수 있는 방법을 선택한 것이다. 한 사람이 암바빨리를 독차지하지 않는다는 것에 왕자들은 만족했다. 대신 왕자들은 공평하게 암바빨리를 만나기로 일종의 타협을 맺었다. 그렇게 암바빨리는 왕자들의 고급 기녀가 되었다.

암바빨리가 기녀의 길을 선택한 과정은 마치 우리나라 최고의 기생인 황진이를 떠올리게 만든다. 황진이 역시 자신을 연모하다 상사병으로 세상을 떠난 총각 때문에 만인의 연인이 되는 기생의 길을 선택하지 않았던가. 뛰어난 외모를 가진 여인일수록 팔자가 기구하다는 말은 바로 암바빨리나 황진이 같은 절세미인을 두고 하는 이야기일 것이다.

암바빨리와 빔비사라 왕의 사랑

암바빨리의 희생 혹은 기지 덕분에 웨살리는 평화를 지킬 수 있었고, 릿차위족 왕자들은 체면이 깎이지 않을 수 있었다.

한편 결혼보다 훨씬 힘든 길을 선택한 암바빨리를 위해 정원사는 자신이 가꾼 아름다운 망고나무 정원을 선물했다. 암바빨리는 망고나무 정원에 화려한 누각을 짓고 그곳에서 춤과 노래 그리고 웃음을 파는 생활을 시작했다.

릿차위족의 왕자들은 번갈아가며 암바빨리를 만나러 왔다. 암바빨리는 공평하게 날짜와 시간을 정해 그들을 만났고, 모든 왕자들에게 같은 액수의 돈을 받았다. 때때로 암바빨리는 릿차위족 왕자가 아닌 사람들과도 만났다. 대신 엄청난 금액을 지불해야 했다.

하지만 승부욕에 불타는 남자들에게 돈은 문제가 아니었다. 암바빨리에 대한 소문이 퍼지면서 인도 각지의 부자들이 돈을 싸들고 그녀를 만나러 왔다. 암바빨리는 점점 부유해졌고, 웨살리는 점점 번창해 갔다.

버려진 고아였던 암바빨리는 웃음을 팔아 모은 돈을 빈민 구제를 위해 아낌없이 사용했다. 외모만큼이나 고운 마음씨를 지닌 암바빨리에게 남자들은 더욱 빠져들었다.

암바빨리는 모든 남자들이 꿈꾸는 완벽한 아름다움을 지닌 여인이었다. 하지만 그녀는 아무도 사랑하지 않았고, 아무런 분별심이 없었기에 모두의 사랑스러운 연인이 될 수 있었다. 그러던 어느 날 사랑을 믿지 않던 암바빨리에게 운명의 남자가 나타났다. 그는 바로 마가다 왕국의 빔비사라 왕이었다.

사실 암바빨리를 처음 만나러 갔을 때 빔비사라 왕의 의도는 전혀 순수하지 않았다. 그는 몇 년 사이 웨살리가 급속도로 번창하는 것을 보며 의문을 품었고, 그 이유가 '암바빨리' 때문이라는 것을 알게 되었다. 이에 호기심을 품은 그는 도시의 번영을 주도한 암바빨리의 매력이 어떤 것인지 알고 싶어졌다. 그녀를 만나서 그 이유를 알아낸 뒤 라자가하에도 비슷한 기녀를 키워 볼 생각이었다. 적을 알고 나를 알아야 백전백승이라 하지 않던가. 라자가하에 비슷한 기녀를 키워서 성공시키려면 먼저 암바빨리에 대해 충분히 알아야 했다.

이런 내막을 감춘 채 웨살리로 향한 빔비사라 왕은 암바빨리의 망고나무 정원에 들어선 순간 그녀에게 반하고 말았다.

빔비사라 왕은 진심을 다해 끈질기게 구애했다. 돈을 받고 웃음과 기예만을 팔 뿐 그 어떤 남자와도 사랑에 빠지지 않겠다고 맹세한 암바빨리 역시 운명처럼 다가온 사랑을 계속해서 거부할 수는 없었다. 결국 그녀는 빔비사라 왕의 사랑을 받아들였고 두 사람 사이에서는 아들이 태어났다.

릿차위족 왕자들의 질투

그 무렵 부처님과 제자들이 안거를 보내기 위해 웨살리에 오셨다. 평소에도 부처님을 깊이 존경해 왔던 암바빨리는 이 소식을 듣자 짙은 화장을 지우고 화려한 옷 대신 소박한 옷을 꺼내 입고는 부처님이 계신 곳으로 달려갔다.

부처님의 설법은 그녀가 마음 깊숙한 곳에 감춰 두었던 슬픔과 외로움을 건드렸다. 암바빨리는 부모에게 버려진 뒤 원치 않는 삶을 선택할 수밖에 없었던 과거와, 남자들을 희롱하며 돈을 모으고 있는 현재의 모습을 생각하며 눈물을 흘렸다. 자신의 마음을 아는 분은 오직 부처님밖에 없으리라 생각한 암바빨리는 설법이 끝나자 눈물 젖은 얼굴로 부처님께 예배를 올렸다.

사람들은 부처님이 설법을 하시는 곳에 나타난 암바빨리를 보고 수근거렸다. 하지만 부처님은 그녀의 예배를 받아 주셨고, 의문을 품은 대중을 위해 젊고 아름다우며, 풍족한 재물이 있고, 남자들의 사랑을 한몸에 받고 있는 여인이 바른 법을 좋아하기란 어렵고도 훌륭한 일이라며 그녀를 칭찬하셨다. 화려한 치장과 거짓 웃음 속에 감춰 온 암바빨리의 순수한 마음을 알아보신 것이다.

부처님의 말씀에 감동한 암바빨리는 다음 날 부처님과 스님들에게 공양을 올리고 싶다고 청했다. 부처님은 암바빨리의 신분을 알면서도 그녀의 청을 수락하셨다.

암바빨리는 벅찬 가슴으로 부처님과 스님들께 드릴 공양

을 마련하기 위해 서둘렀다. 깨끗하게 청소하랴, 좋은 음식을 준비하랴, 암바빨리의 마음은 급했다. 그러던 중 그녀는 앞에서 달려오는 릿차위족 왕자들의 마차를 미처 알아보지 못했다.

한편 암바빨리의 마차를 알아본 릿차위족의 왕자들은 그녀가 자신들을 무시하고 지나가자 화가 났다. 그들은 암바빨리의 마차를 세우고 어디를 그리 급하게 가는지 물었다. 그러자 암바빨리가 대답했다.

"고귀하신 왕자님들이시여, 저는 내일 부처님과 스님들께 올릴 공양을 마련하러 가고 있습니다."

릿차위족의 왕자들은 깜짝 놀랐다. 그들 역시 부처님을 뵈러 가는 길이었기에 놀랐고, 부처님께서 암바빨리의 초대를 수락하셨다는 말에 더욱 놀랐다. 하지만 무엇보다 릿차위족 왕자들을 놀라게 한 것은 부처님과 스님들께 공양을 올릴 생각에 자신들은 안중에도 없던 암바빨리였다. 암바빨리는 누구를 만나든 항상 아름다운 얼굴 가득 웃음을 짓고 있었다. 하지만 부처님을 만나고 온 암바빨리의 얼굴은 이제껏 한 번도 본 적 없던 설렘과 기쁨으로 가득했다. 암바빨리의 변화를 느낀 왕자들의 얼굴에서 웃음기가 사라졌다. 릿차위족의 왕자들의 마음속에서는 묘한 호승심이 발동하기 시작했다.

왕자들은 암바빨리의 길을 막은 채 부처님과의 약속을 취소하고 자신들과 함께 시간을 보내자고 말했다. 암바빨리는 거절했다. 왕자들은 더 많은 보석과 재물을 주겠다며 그녀를 유혹했으나 암바빨리는 웨살리 전체를 준다고 하여도 부처님과의 약속이 먼저라며 거절했다. 그러자 왕자들은 부처님과 스님들을 초대한 자리에 자신들도 불러 달라고 요구했다. 암바빨리의 주인이 누구인지를 부처님 앞에서 과시하고 싶었기 때문이다. 그런 왕자들의 마음을 알아챈 암바빨리는 이미 부처님께서 초대를 수락하셨다며 또다시 거절했다. 결국 왕자들은 암바빨리를 설득하지 못하고 부처님을 만나러 갔다.

맥이 풀린 릿차위족 왕자들은 암바빨리가 괘씸해졌다. 그들은 부처님을 뵙고 예배를 올린 뒤 내일 자신들이 부처님과 스님들께 공양을 대접하겠다고 청했다. 비록 부처님께서 암바빨리의 초대를 먼저 수락하셨다 해도 웨살리를 다스리는 자신들의 초대를 더 중요하게 여기실 것이라고 생각했기 때문이다. 공양을 준비하고 있을 암바빨리를 골탕 먹이려는 속셈이었다. 하지만 부처님은 먼저 공양을 청한 사람이 있다며 릿차위족 왕자들의 초대를 거절하셨다.

아무리 아름답다 하여도 암바빨리의 신분은 한낱 기녀에 불과하였다. 그런 그녀와의 약속 때문에 부처님께도 거절을 당하자 릿차위족 왕자들은 얼굴이 일그러졌다.

부처님께 망고나무 정원을 바치다

　다음 날 부처님은 제자들과 함께 암바빨리의 망고나무 정원을 찾았다. 깨끗하게 청소를 마친 암바빨리의 정원은 부처님과 스님들이 설법을 하고 휴식을 취하기에 모자람이 없었다. 부처님과 스님들이 자리를 잡고 앉으시자 암바빨리는 정성껏 준비한 공양을 올렸다. 공양을 마치신 부처님은 그녀를 위해 법문을 들려주셨다. 설법이 끝나자 암바빨리는 부처님 앞에 무릎을 꿇고 예배를 하며 자신의 망고나무 정원을 승단에 보시하고 싶다고 청했다. 부처님은 암바빨리의 청을 들어주셨다.

　암바빨리는 자신의 청을 수락하신 부처님의 자비에 감사의 눈물을 흘렸다. 화려하게 치장한 젊은 여인들이 춤을 추고, 노래를 하며, 웃음을 팔던 암바빨리의 망고나무 정원은 스님들의 수행 장소가 되었다.

　그 후 암바빨리는 부처님께 또 하나의 큰 보시를 하게 되니, 그것은 바로 빔비사라 왕과의 사이에서 낳은 아들 위말라꼰단냐Vimalakoṇḍanna가 불법에 귀의하여 출가를 한 것이다. 출가 수행자가 된 암바빨리의 아들은 아라한과를 성취한 후 어머니에게 설법을 하였다.

아들의 설법을 들은 암바빨리는 화려했던 과거를 모두 청산한 후 출가를 하였다. 그녀는 나이가 들면서 변해 가는 자신의 외모를 화두로 삼았다. 젊은 시절, 지상의 모든 아름다움을 갖추었다고 칭송받았던 자신의 외모를 떠올리며, 영원한 것은 없다는 무상의 진리를 깨닫고 최상의 경지인 아라한과를 성취하게 된다.

화려하게 치장한 젊은 여인들이 춤을 추고,
노래를 하며, 웃음을 팔던 암바빨리의 망고나무 정원은
스님들의 수행 장소가 되었다.

—

남편을 기녀에게 보낸
웃따라

간절하게 기도를 하는 사람들의 소원 중 가장 대표적인 것이 바로 '부자가 되는 것'이다. 부처님 당시 인도에서도 가난 때문에 고통받는 사람들이 많았다. 그래서 부처님은 부자가 되는 방법을 설하시기도 했다.

부처님 말씀에 따르면 부자가 되는 비결은 아주 간단했다. 보상을 바라지 않는 마음으로 베푸는 행동을 하는 것이다. 당연하다 못해 평범해 보이는 이 방법을 실천하여 부자가 된 사람이 과연 있었을까? 놀랍게도 있었다.

싸리나무 칫솔과 물 한 그릇의 공덕

부처님이 죽림정사에 머물고 계실 때였다. 당시 마가다국의 수도 라자가하에 '뿐나Puṇṇa'라는 이름을 가진 농부가 살고 있었다. 그는 조상 대대로 이어져 내려온 신분과 가난의 굴레에서 벗어나지 못한 채 왕실의 재정을 담당하는 재정관 '수마나Sumana'의 집에서 종살이를 하며 생계를 꾸려 나갔다. 뿐나에게는 아내와 어린 딸이 있었는데 그들 역시 수마나의 집에서 허드렛일을 해 주며 종처럼 지냈다.

라자가하에는 한 가지 특별한 법이 있었다. 일 년에 한 번,

모든 소작농과 하인, 하녀들이 일주일 동안 마음껏 휴가를 사용할 수 있는 것이었다. 이 기간 동안에는 주인이라 해도 일을 시킬 수 없었다. 하지만 뿐나에게 휴가란 꿈도 꿀 수 없는 사치였다. 그가 하루라도 일을 하지 않는다면 온 가족이 굶을 처지였기 때문이다.

휴가가 시작되는 날, 뿐나는 평소처럼 동이 트자마자 쟁기를 챙겨 소를 몰고 밭으로 향했다.

그날은 마침 부처님의 상수제자인 사리뿟따 존자(尊者)* 가 정진을 마친 날이기도 했다. 선정에서 깨어난 존자는 공덕을 쌓을 기회를 누구에게 주어야 할지 찾기 위해 지혜의 눈으로 세상을 두루 살펴보았다. 정진을 마친 수행자에게 첫 공양을 올리는 것은 큰 복을 짓는 일이었기 때문이다. 그때 드넓은 밭에서 홀로 쟁기질을 하고 있던 뿐나가 존자의 눈에 들어왔다. 그에게 공덕 지을 기회를 주어야겠다고 생각한 사리뿟따는 가사와 발우를 단정하게 챙긴 후 뿐나를 향해 걸어갔다.

묵묵히 밭을 갈던 중 존자를 본 뿐나는 즉시 합장을 하며 예배를 올렸다. 사리뿟따는 자신의 발우를 뿐나에게 건네며 물을 좀 달라고 청했다. 뿐나는 기뻐하며 발우에 깨끗한 물을

* 학문과 덕행이 뛰어난 부처님의 제자를 높여 이르는 말.

담은 후 싸리나무 가지로 칫솔 몇 개를 만들어 함께 바쳤다. 이 공양으로 뿐나는 많은 복을 짓게 되었다.

한편 뿐나의 아내는 점심을 담은 바구니를 들고 남편이 일하고 있는 밭으로 가고 있었다. 그때 그녀는 멀리서 사리뿟따 존자가 걸어오는 모습을 보자 즉시 바구니를 내려놓고 예배를 올렸다. 사실 이는 의도적인 만남이었다. 뿐나의 아내에게도 복을 지을 기회를 주고 싶었던 사리뿟따 존자는 그녀가 도시락을 들고 오는 것을 알고 일부러 마주친 것이었다. 이를 알지 못한 뿐나의 아내는 기뻐하며 음식이 담긴 바구니를 이마에 댄 채 말했다.

"부디 이 음식이 부드러운지 거친지 묻지 마시고 다만 기쁜 마음으로 공양을 받아 주십시오. 그리고 당신의 미천한 제자에게 복을 내려 주십시오."

존자가 미소를 지으며 발우를 내밀자 뿐나의 아내는 바구니에 담긴 음식을 남김없이 쏟으려고 했다. 그것이 뿐나의 점심이라는 것을 알고 있던 존자는 절반만으로도 충분하다며 그녀를 말렸다. 그러자 뿐나의 아내가 눈물을 글썽이며 말했다.

"비록 보잘것없는 음식이지만 존자에게 공양을 대접하여 복을 짓고자 하는데 어찌 절반만 지을 수 있단 말입니까? 저는 금생뿐 아니라 내생의 복까지 발원하옵니다. 이 음식을 받

아 주시고 스님께서 알고 계신 가르침을 제게 나누어 주십시
오."

간곡하고도 절박한 간청이었다. 그녀의 마음을 외면할 수
없었던 사리뿟따는 기꺼운 마음으로 공양을 마치고 법문을
들려주었다. 공양을 올리고 법문까지 들은 뿐나의 아내는 환
희에 차 날아갈 듯 가벼운 발걸음으로 집에 돌아갔다. 그리고
남편에게 가져다 줄 밥을 다시 지었다.

황금 밭을 얻은 뿐나

한편 새벽부터 쉴 새 없이 밭을 갈던 뿐나는 점심 먹을 시
간이 지나도록 아내가 오지 않자 기운이 쭉 빠져 나무에 기대
앉았다. 그때 다시 점심밥을 지어서 가지고 오던 뿐나의 아내
는 남편의 모습이 보이자 큰 소리로 이렇게 외쳤다.

"여보, 조금만 기다리세요. 제가 늦은 것은 오는 길에 한
스님을 뵙게 되어 당신에게 드릴 점심을 그분에게 공양으로
먼저 올렸기 때문입니다. 제가 지은 공덕이 헛되지 않도록 화
가 나더라도 오늘만은 참아 주세요."

뿐나의 아내는 배고픔 때문에 짜증이 난 남편이 화를 내기

라도 하면 모처럼 지은 공덕이 모두 허사가 되지 않을까 두려
웠다. 기진맥진하여 나무에 기대 앉아 있던 뿐나는 아내의 말
을 듣자 크게 기뻐하며 자신도 스님에게 칫솔을 만들어 드린
것을 이야기했다.

아내가 가져온 늦은 점심을 맛있게 먹은 뿐나는 깜빡 잠이
들고 말았다. 잠든 남편에게 부채질을 해 주던 뿐나의 아내도
꾸벅꾸벅 졸기 시작했다. 얼마 후 얼굴을 간질이는 아내의 머
리카락 때문에 눈을 뜬 뿐나는 벌떡 일어났다. 오늘 중으로
갈아야 할 밭이 아직 한참이나 남아 있다는 생각에 마음이 급
해진 뿐나는 쟁기를 들고 밭으로 달려갔다. 그런데 흙으로 가
득했던 밭이 온통 황금으로 변한 것 아닌가. 헛것을 보는가
싶어 아내를 데리고 가 다시금 확인했지만 꿈이 아니었다. 드
넓은 밭에는 분명 흙덩이 대신 황금이 번쩍거리고 있었다. 뿐
나와 그의 아내는 눈앞에 가득한 황금을 보면서 존자에게 공
양을 올린 공덕을 찬탄했다.

마가다 왕국의 왕실 재정관이 되다

갑자기 엄청난 황금을 얻은 뿐나와 그의 아내는 고민 끝에

왕에게 이를 바치기로 결심했다. 빔비사라 왕에게 간 뿐나는 황금으로 가득 찬 바구니를 바치며 말했다.

"왕이시여, 오늘 제가 갈던 밭이 모두 황금으로 변했습니다. 이 황금을 왕에게 바치옵니다."

엎드린 농부의 행색은 남루하였고, 그가 내미는 바구니는 초라하고 거칠었다. 하지만 그의 입에서 흘러나온 말은 놀라웠다. 바구니에 담긴 황금을 확인한 빔비사라 왕이 자초지종을 묻자 뿐나는 한 스님에게 물과 칫솔 그리고 점심을 공양으로 바쳤음을 사실대로 말했다. 뿐나의 이야기를 들은 빔비사라 왕은 그 스님이 사리뿟따 존자라는 것을 알아차렸다. 그리고 성자에게 공양을 올린 공덕이 이처럼 바로 나타남에 크게 감탄하며 뿐나에게 원하는 것을 물었다.

"왕이시여, 저희 가족은 이제까지 남의 집에서만 살아왔습니다. 부디 저희 가족에게 집을 짓고 살 수 있는 땅을 조금만 마련해 주십시오."

뿐나의 말을 들은 빔비사라 왕은 예전의 재정관이 살았던 집터를 하사하고 화려한 집을 지어 주었다. 또 집이 완공되자 뿐나를 재정관에 정식으로 임명하였다.

집 한 칸 없이 재정관 수마나의 집에서 하인으로 지냈던 뿐나는 라자가하 제일의 부호가 되었고, 그에 어울리는 신분까지 갖추게 된 것이다.

그렇게 재산과 지위를 얻은 뿐나이지만 조금도 교만해지지 않았다. 또한 지난날 가난했던 자신처럼 어렵게 살아가는 사람들을 돕는 일에 최선을 다하였다. 처음에는 뿐나를 시기하며 부러워하던 사람들도 그의 한결같은 진심에 감복하게 되었다. 그러다 보니 라자가하에는 재정관 뿐나를 향한 칭송이 끊이지 않았다. 하지만 뿐나는 자신이 누리고 있는 이 모든 행복이 사리뿟따 존자에게 공양을 올린 공덕 때문이라는 것을 한시도 잊지 않았다.

뿐나의 집이 완공되던 날, 빔비사라 왕은 왕실 재정관이 된 그를 위해 성대한 연회를 열어 주었다. 연회는 칠 일 동안 계속되었다. 이 기간 동안 뿐나는 날마다 아내와 딸을 데리고 죽림정사를 찾아가 부처님과 스님들에게 음식과 가사 등 네 가지 공양을 올렸고, 그곳에서 가난한 사람들을 위해 음식과 의복 등을 함께 나눠주었다.

부처님과 스님들에게 공양을 올리는 것은 가난했던 시절 뿐나의 소원이었다. 또한 그는 먹고 살기에도 버거운 이들에게 부처님의 법문을 듣는 것이 얼마나 어려운 일인지 잘 알았다. 그런 이유로 죽림정사에서 가난한 사람들을 위해 음식과 의복을 나눠준 것이었다. 뿐나는 자신이 기적 같은 복을 받은 것처럼 다른 가난한 사람들도 부처님의 법문을 듣고 인생이 달라지기를 바랐다.

뿐나의 무료 공양이 계속된 일주일 동안 소문을 듣고 몰려온 사람들로 인해 죽림정사는 평소보다 훨씬 북적였다. 물론 이들 중에는 부처님의 법문을 듣기 위해서가 아니라 단지 기적의 주인공인 뿐나의 얼굴이 궁금하여 온 사람들도 있었고, 뿐나가 무료로 제공하는 밥 한 끼를 먹기 위해 오는 사람들도 많았다. 대중들의 마음을 아신 부처님께서는 칠 일째 되는 날, 보시의 공덕에 대한 법문을 시작으로 사성제四聖諦와 팔정도八正道 등에 대하여 자세하고 알기 쉽게 설하셨다.

일주일 동안 날마다 법문을 듣던 뿐나와 그의 아내 그리고 그의 외동딸 웃따라Uttarā는 마지막 날, 환희에 찬 마음으로 수다원과를 성취하였다. 또한 법문을 듣던 많은 이들이 보시의 공덕을 찬탄하며 부처님께 귀의하였다.

수마나의 며느리가 된 웃따라

✦

뿐나의 명성이 점점 높아져 가던 어느 날, 수마나가 뿐나를 찾아왔다. 예전에 두 사람은 주인과 하인의 관계였다. 하지만 이제 뿐나는 더 이상 수마나의 하인이 아니었고 오히려 수마나보다 훨씬 부유했다. 그러나 재산이 많아졌다고 단숨에 신분까지 바뀌는 것은 아니었다. 대대로 관리의 지위를 누려 온 수마나에게 뿐나는 갑자기 부자가 된 농부에 지나지 않았다.

수마나가 뿐나를 찾아온 것은 하나뿐인 아들의 혼인 때문이었다. 그는 큰 아량을 베푼다는 마음으로 뿐나에게 웃따라를 자신의 며느리로 달라고 청했다. 그는 뿐나가 감히 먼저 혼인을 청하지 못하고 있을 뿐 자신과 사돈이 되는 것을 당연히 기쁘게 받아들일 것이라고 생각했다. 하지만 뿐나의 입에서 나온 말은 단호한 거절이었다. 놀라움과 불쾌함을 감출 수 없었던 수마나는 큰 소리로 말했다.

"뿐나, 우리는 불과 얼마 전까지 같은 집에 살았소. 지금 당신은 대단한 재산을 갖게 되었고, 재정관이 되었지만 그렇다고 지위나 신분까지 달라진 것은 아니오."

그러자 뿐나가 대답했다.

"신분이나 재산 때문이 아닙니다. 수마나, 당신은 외도 수행자를 따르고 있소. 내 딸 웃따라는 이미 부처님께 귀의하였고 삼보三寶 없이는 하루도 살 수 없는 아이라오. 나 또한 외도 집안에 딸을 시집보내고 싶진 않소."

옛 하인에 불과하던 뿐나가 자신의 혼인 제안을 단호히 거절하자 수마나는 크게 당황하였고 이내 분노하였다. 화를 참을 수 없었던 수마나는 다른 사람들에게 뿐나가 갑자기 황금을 얻더니 신분조차 잊은 채 거만해졌다고 말했다. 그리고 다시는 뿐나의 얼굴을 보지 않겠다고 선언했다.

그런데 이 둘의 갈등에는 다른 문제가 있었다. 수마나와 뿐나는 모두 라자가하의 관리이자 왕실의 재정을 담당하고 있었기 때문에 두 사람의 갈등으로 다른 관리들까지 불편을 겪게 된 것이다. 결국 두 사람의 사정을 잘 아는 여러 관리들과 이웃들이 중재에 나섰다.

수마나를 찾아간 사람들은 이런 일로 오랜 인연과 우정을 망치는 것은 바람직하지 않다고 이야기하였고, 뿐나를 찾아간 사람들은 수마나와 사돈이 되는 것이야말로 두 집안의 갈등을 해결할 수 있는 길이라고 설득했다.

여러 사람들의 설득이 계속되자 뿐나는 자신이 수마나에게 너무 무례했던 것이 아닌가 생각하게 되었고, 수마나 역시 자신이 마음속으로 뿐나를 무시했다는 것을 인정하게 되었다.

여러 사람들의 조언과 중재로 마음이 풀어진 수마나와 뿐나는 마침내 아들과 딸을 혼인시키기로 하였고, 한 가족이 된 두 사람은 화해했다.

새색시 웃따라의 괴로움

　혼례를 치른 웃따라는 예전 같으면 꿈도 꾸지 못했을 옛 주인집의 도련님을 남편으로 맞게 되었다. 뿐나는 하나뿐인 외동딸을 위해 어느 부잣집 부럽지 않은 성대한 결혼식을 치러 주었다. 웃따라의 결혼식을 본 사람들은 옛 주인이었던 집의 진짜 안주인이 된 그녀를 부러워하였다. 하지만 정작 웃따라는 결혼과 동시에 불행이 시작되었다. 왜냐하면 수마나의 며느리가 된 이후 부처님의 법문을 듣거나 스님들께 공양을 올릴 수 있는 날이 단 하루도 없었기 때문이다. 신혼의 단꿈에 부풀어야 할 새색시 웃따라는 외도를 믿는 수마나의 가족들 사이에서 말 못할 괴로움과 외로움에 지쳐 갔다.

　새색시가 된 지 두 달이 지났을 무렵, 계절이 바뀌어 우기가 다가왔다. 비가 많이 내리는 이 시기에는 풀과 나무 그리고 새와 벌레들이 왕성하게 활동을 하곤 했다. 그래서 부처님께서는 불필요한 살생을 막기 위해 우기 석 달 동안 스님들이 돌아다니는 것을 금하였다. 대신 숲속이나 사원에 모여 집중적으로 수행을 하며, 교단의 화합을 점검하는 안거 기간을 가졌다. 이미 삼보에 귀의한 웃따라는 안거가 시작되기 전 부처님과 스님들께 공양을 올려 복을 짓고 법문을 듣고 싶었다.

하지만 부처님께 귀의하지 않은 남편이 이런 그녀를 이해할
리 없었다. 게다가 아내와 며느리의 본분을 뒤로하고 부처님
과 스님들께 공양을 올린다는 것은 불가능했다. 이런 생각에
가슴이 답답해진 웃따라는 친정에 편지를 보내 자신의 처지
를 한탄하였다.

"아버지께서는 왜 저를 이런 집에 시집보내셨나요? 차라
리 평범한 시골뜨기라도 부처님에 대한 신심이 깊은 사람과
맺어 주시는 것이 훨씬 좋았을 텐데 말입니다. 저는 이 집으
로 시집온 이후 단 한 번도 스님들을 본 적도 없고, 공덕을 지
을 기회도 없었습니다."

황금 일만 오천 냥으로 자유를 사다

딸의 편지를 받은 뿐나는 마음이 아팠다. 하지만 친정아버
지인 그가 해 줄 수 있는 것은 많지 않았다. 그는 즉시 황금
일만 오천 냥을 딸에게 보내며 편지를 동봉했다. 친정에서 황
금을 보냈다는 하인의 이야기를 들은 웃따라는 깜짝 놀랐다.
그러나 이내 동봉된 편지를 읽고 아버지의 마음을 알게 되
었다.

"사랑하는 나의 딸아. 라자가하 시내에 '시리마Sirimā'라는 이름을 가진 고급 기녀가 있느니라. 그녀는 하룻밤에 돈 천 냥을 받는다고 한다. 이 돈으로 그녀를 사서 보름 동안 네 남편의 시중을 들게 하고 그동안 자유롭게 부처님과 스님들께 공덕을 짓도록 하거라. 아버지가 해 줄 수 있는 일은 이것밖에 없구나."

뿐나의 편지에서 한 가닥 희망을 발견한 웃따라는 주저 없이 황금을 전부 가지고 기녀 시리마를 찾아갔다. 젊은 여자가 자신을 찾아왔다는 이야기를 들은 시리마는 무슨 일인가 싶었다. 시리마를 본 웃따라는 그녀의 아름다움을 찬탄하며 공손하게 간청했다.

"시리마, 아름다운 여인이여! 저는 한 가지 간청이 있어 이렇게 당신을 찾아왔습니다. 오늘부터 보름 동안 우리 집에 머물면서 내 남편의 시중을 들어줄 수 있는지요? 당신이 하루에 일천 냥을 받는다는 것은 알고 있습니다. 여기 제가 가져온 황금 일만 오천 냥이 있습니다. 시리마여, 이렇게 간청합니다. 부디 저의 청을 거절하지 말아 주세요."

웃따라의 간절한 마음과 그녀가 가져온 번쩍이는 황금이 시리마의 마음을 움직였다. 시리마가 허락의 뜻으로 고개를 끄덕이자 웃따라는 크게 기뻐하며 거듭 고맙다고 말했다. 시리마가 준비할 시간이 필요하다고 하자 웃따라는 조용히 밖에서 그녀의 몸치장이 끝나기를 기다렸다.

시리마는 웃따라의 집에 머무는 동안 필요한 것들을 하나씩 챙겼다. 다양한 화장품을 비롯하여 음악을 연주할 악기, 춤을 추는 데 필요한 화려한 장신구들, 피부가 비치는 얇은 비단 옷들과 남자의 이성을 미혹시키는 향까지 빠짐없이 챙겼다. 이윽고 모든 준비를 마친 시리마는 가마를 타고 위풍당당하게 웃따라의 집으로 향했다.

콧대 높은 기녀 시리마의 가마가 수마나의 집으로 들어가는 것을 본 사람들은 깜짝 놀랐다. 하인들도 시리마가 가마에서 내리자 무슨 일인가 싶어 눈이 휘둥그레졌다. 하지만 정작 웃따라의 얼굴에는 웃음이 활짝 피어났다.

그녀는 시리마와 함께 남편에게 갔다. 항상 얼굴에 그늘이 짙었던 아내가 모처럼 웃으며 다가오는 것을 보고 그녀의 남편은 고개를 갸우뚱거렸다. 웃따라는 앵두처럼 붉은 입술을 열고 다정한 목소리로 말했다.

"여보, 저는 부처님과 스님들이 안거를 시작하기 전에 공양을 올리고 법문을 듣고 싶습니다. 오늘 밤부터 보름 동안은 여기 시리마가 당신의 시중을 들며 제가 해야 할 의무를 대신해 줄 것입니다. 허락해 주시겠는지요?"

그때서야 시리마를 본 웃따라의 남편은 그녀의 요염한 자태에 넋을 잃었다. 어안이 벙벙하던 그는 이내 시리마의 교태

어린 미소에 빠져들었고, 자신도 모르게 고개를 끄덕였다. 남편의 허락이 떨어지자 웃따라는 기쁜 마음으로 두 사람을 방에 남겨 둔 채 사뿐사뿐 걸어 나왔다. 그날부터 시리마는 수마나의 집에 머물며 웃따라의 남편과 부부처럼, 연인처럼 살게 되었다.

라자가하에서 가장 아름답기로 이름난 기녀에게 남편을 내어 주고도 웃따라의 마음은 날아갈 듯 행복하기만 했다. 적어도 보름 동안은 부처님과 스님들께 공양을 올려 복을 짓고 법문을 들을 수 있었기 때문이었다. 황금 일만 오천 냥을 들여 남편과 기녀를 맺어 주면서까지 웃따라가 갖고 싶었던 것은 단 하나, 부처님과 스님들께 마음껏 공양을 올리고 법문을 들을 수 있는 시간과 자유였다.

자신이 안주인이라는
착각에 빠진 시리마의 교만

웃따라는 자신에게 주어진 보름 동안 부처님과 모든 스님들께 한 분도 빠짐없이 공양을 올리고자 했다. 그러다 보니 매일 많은 양의 재료를 손질하여 몇 시간씩 음식을 만들어야 했지만 힘이 들기는커녕 행복하기만 했다. 다만 그녀는 갑작스럽게 날마다 수백 명분의 음식을 준비해야 하는 하인들이 혹시라도 불만을 품게 될 것을 염려했다. 부처님과 스님들께 공양을 올리는 모든 사람이 복 받기를 바랐기 때문이다. 그래서 웃따라는 매일 주방에서 늦은 시간까지 하인들과 함께 재료를 손질하고 요리를 했다. 힘든 기색 하나 없이 재료를 다듬고 뜨거운 불 앞에서 몇 시간씩 음식을 만드는 웃따라를 보며 하인들은 속으로 감탄하였다.

이윽고 웃따라가 공양을 올린 지 보름째 되는 날이 왔다. 그날은 부처님과 스님들이 석 달 동안의 안거에 들어가기 전 마지막으로 공양을 올리는 날이었다. 새벽부터 웃따라는 구슬땀을 흘리며 정성껏 음식을 준비했다. 그러다 보니 부처님과 스님들이 오실 시간이 되자 웃따라의 화장기 하나 없는 얼굴이 땀으로 번들거렸고, 불 앞에서 요리를 하느라 옷은 온통 기름과 숯 얼룩으로 범벅이 되었다.

같은 시각, 시리마와 밤새 달콤한 시간을 보낸 후 느긋하게 잠에서 깨어난 웃따라의 남편은 주방에서 들려오는 분주한 소리에 이끌려 창가로 향했다. 이층에서 내려다보니 웃따라가 마치 하녀처럼 하인들과 함께 일을 하는 모습이 눈에 들어왔다. 그는 아내를 물끄러미 보면서 문득 쓴웃음을 지었다.

'어리석은 여자 같으니라고! 저렇게 땀까지 흘리면서 일을 하다니 아주 정성이 넘치는군. 도대체 일부러 고생을 자처하는 이유를 알 수가 없네. 참 딱하기도 하지. 기껏 마님을 만들어 줬더니 나에게는 기녀를 바치고 자신은 부처와 승려의 하녀를 자청하는구나. 하녀 출신이라 그런지 마님이 되어서도 편안하고 호화로운 생활을 즐길 줄 모르는군.'

한참 동안 아내의 일하는 모습을 내려다보던 웃따라의 남편은 비웃음을 흘리며 창가를 떠났다. 한편 나른하게 침대에 누워 있던 시리마는 창가에 서서 미소를 짓는 웃따라의 남편을 보면서 무슨 재미있는 일이 있나 싶어 자리에서 일어났다. 천천히 창가로 다가가 아래층을 내려다보니, 웃따라가 행복한 얼굴로 열심히 일을 하고 있는 모습이 눈에 들어왔다. 그 순간 시리마는 질투에 휩싸였다.

웃따라가 행복한 것은 부처님과 스님들께 공양을 올릴 수 있어서였고, 그녀의 남편은 자신보다 부처님과 스님들을 훨씬 중요하게 생각하는 아내의 행동을 도무지 이해할 수 없어 쓴웃음을 지은 것이었다. 하지만 시리마의 눈에는 두 사람이 서로 웃음을 주고받으며 애정을 확인한 것처럼 보였다. 때마침 음식을 만드느라 옷이 땀에 흠뻑 젖은 웃따라의 모습은 일부러 몸매를 드러내 남편을 유혹하는 것 같았다. 그날은 마침 기루로 돌아가야 하는 날이었기에 시리마의 마음은 더욱 복

잡했다.

　지난 보름 동안 시리마는 '작은 마님'처럼 사치스럽게 살았다. 웃따라가 그녀를 깍듯하게 대접해 주었기 때문에 하인들도 시리마에게 정중하고 공손하게 대해 주었고, 주인의 사랑을 독차지하며 날마다 달콤한 고백과 비싼 선물을 받는 꿈같은 나날을 보냈다. 그렇게 재정관 수마나의 작은 며느리로 대접을 받으면서 안락하고 호화로운 생활을 하다 보니 시리마는 마음속으로 이 집의 진짜 작은 마님이 되고 싶다는 바람이 생겼고, 그 바람은 이내 자신이 작은 마님이나 다름없다고 여기는 교만으로 이어졌다. 결국 시리마는 자신이 돈을 받고 고용된 기녀라는 것을 순간적으로 잊어버리게 되었다. 시리마는 마치 자신의 남편이 웃따라와 불륜을 저지르기라도 한 것처럼 분노에 휩싸였다.

　'못된 것! 나에게 남편의 시중을 들어 달라고 부탁할 때는 언제고 이제와 그를 다시 빼앗아 가려고 하는구나. 그동안 나를 노리개로 취급해 온 것이 분명해. 내가 기루로 돌아가면 남편과 다시 사랑을 속삭이겠지? 그것만은 정말 참을 수 없어!'

끓는 기름을 맞은 웃따라

상상의 나래를 펼치던 시리마는 자신도 모르게 아래층으로 내려가 주방으로 달려갔다. 커다란 가마솥 가득한 기름에 과자를 튀기느라 주방에는 열기가 가득했다. 한쪽에 앉은 웃따라는 뜨겁게 튀겨진 과자를 식혀 그 위에 꿀을 바르고 있었다. 웃따라의 모습을 확인한 시리마는 국자를 집어 들고 가마솥에서 펄펄 끓고 있는 기름을 가득 펐다. 그러고는 웃따라를 향해 그대로 돌진했다. 순식간에 벌어진 일이었다. 끓는 기름이 담긴 국자를 든 시리마가 무서운 얼굴로 자신에게 다가오는 것을 본 웃따라는 그녀가 그 기름을 자신에게 뿌릴 것이라는 걸 알았다. 하지만 웃따라는 몸을 피하기는커녕 시리마에 대한 감사의 마음을 떠올렸다.

'시리마는 참으로 고마운 사람이다. 시리마가 나에게 은혜를 베풀지 않았더라면 부처님과 스님들께 공양을 올릴 수도 없고, 법문도 듣지 못했을 것이다. 이 세상 그 무엇도 시리마가 나에게 베푼 은혜와는 비교할 수 없으리라. 이런 고마운 사람에게 나는 분노하거나 화를 내어선 안 된다. 만약 그런 마음이 있다면 나는 저 끓는 기름에 타게 될 것이다. 하지만 시리마에 대한 분노나 화내는 마음이 없다면 나는 저 끓는 기

'시리마에 대한 분노나 화내는 마음이 없다면
나는 저 끓는 기름을 뒤집어쓰더라도
상처 하나 나지 않으리라.'

름을 뒤집어쓰더라도 상처 하나 나지 않으리라.'

웃따라는 악귀처럼 달려오는 시리마를 보면서 오히려 온
마음과 정신을 그녀에 대한 감사와 사랑으로 가득 채웠다. 웃
따라의 평온한 얼굴을 보자 더욱 화가 난 시리마는 그녀의 머
리 위로 곧장 뜨거운 기름을 부어 버렸다. 하지만 웃따라는
마치 시리마가 시원한 물을 부어 준 것처럼 아무런 동요가 없
었고 상처 하나 없었다. 웃따라가 아무 반응을 보이지 않자
시리마는 다시 국자 가득 뜨거운 기름을 퍼서 그녀의 머리 위
로 부었다.

"꺄아악! 이 못된 계집, 저리 비키지 못해! 이 사악한 것!"

각자 분주하게 일을 하느라 시리마에게 신경쓰지 않고 있
던 하인들은 웃따라의 여종이 갑자기 비명을 지르자 화들짝
놀랐다. 비명 소리가 난 곳을 보자 국자를 든 시리마가 웃따
라에게 끓는 기름을 붓고 있었다. 기함한 하인들은 하던 일을
멈추고 달려가 시리마에게서 국자를 빼앗았다. 그리고는 그
녀가 움직이지 못하게 넘어뜨린 뒤 인정사정없이 발로 차고
주먹을 휘두르며 구타하기 시작했다.

"이런 미친 여자를 보았나! 죽여도 시원찮은 것 같으니라
고!"

"마님에게 끓는 기름을 붓다니! 무슨 원한이 있어 너에게
그토록 친절하게 대해 준 우리 마님을 죽이려 한 것이냐!"

웃따라는 하인들을 말리려고 했으나 흥분한 그들의 분노를 쉽게 가라앉힐 순 없었다. 게다가 비록 상처는 없었지만 뜨거운 기름을 두 번이나 뒤집어쓴 뒤라 탈진한 것처럼 힘이 없었다. 간신히 몸을 일으킨 웃따라는 하인들로부터 시리마를 떼어 냈다. 방금 전까지 꽃처럼 아름다웠던 시리마의 얼굴은 핏자국과 멍으로 엉망이 되었고, 얇게 걸친 화려한 잠옷은 갈기갈기 찢어져 속살이 아무렇게나 드러나 있었다. 하인들을 물리친 웃따라는 시리마를 데리고 이층으로 올라갔다. 그리고 하인에게 더운 물을 가져오게 한 뒤, 넋이 나간 듯 멍한 표정으로 앉아 있는 시리마를 깨끗하게 씻겨 주었다. 목욕이 끝나자 멍들고 찢어진 상처에 정제한 기름을 발라 문질러 주고, 헝클어진 머리도 잘 빗겨 주었다.

나의 아버지가 그대를 용서한다면
나도 그대를 용서하리라

원망하는 기색 하나 없이 자신을 보듬어 주는 웃따라를 보면서 정신이 든 시리마는 그녀의 발밑에 머리를 조아리며 흐느꼈다. 그제서야 자신은 이 집의 작은 마님이 아니라 웃따라에게 고용된 기녀에 불과하다는 현실이 피부로 느껴졌다.

자신이 저지른 짓을 떠올린 시리마는 눈앞이 캄캄했다. 웃따라는 재정관 수마나의 며느리였고, 빔비사라 왕이 신뢰하는 재정관 뿐나의 외동딸이었다. 만약 웃따라가 자신이 뿌린 끓는 기름 때문에 화상을 입거나 목숨이 위태롭게 되었다면 매질을 당하다 죽어도 할 말이 없었다. 하지만 웃따라는 오히려 하인들의 손찌검으로부터 시리마를 구해 낸 후 손수 보살펴 주고 있는 것이 아닌가. 시리마는 식은땀을 흘리며 떨리는 목소리로 용서를 구했다.

"마님, 제발 용서해 주십시오. 제가 정신이 나갔습니다."

웃따라는 자신의 발밑에 몸을 던진 채 흐느끼는 시리마를 일으켜 주며 말했다.

"시리마여, 나의 아버지께서 그대를 용서한다면 나도 그대를 용서하겠습니다."

웃따라의 말을 들은 시리마는 몸 둘 바를 모른 채 머리를 숙이며 대답했다.

"마님의 아버님이신 뿐나 재정관님께 용서를 빌겠습니다."

그러자 웃따라는 고개를 저으며 말했다.

"그분은 나에게 윤회를 받게 하신 아버님이십니다. 내게는 스스로 윤회를 벗어나신 아버님이 따로 계십니다. 그분은 나에게 윤회를 벗어나도록 가르쳐 주신 분입니다. 그분께 용서를 구하십시오."

웃따라의 말을 들은 시리마는 고개를 갸웃거리며 물었다.

"그분이 누구신가요?"

"그분은 바르게 깨달으신 분, 부처님이십니다."

웃따라의 말을 들은 시리마는 당황했다. 그녀는 태어나서 한 번도 부처님을 본 적이 없을 뿐 아니라 스님들께 공양을 올린 적도 없었기 때문이다. 하지만 아름다운 여인에게 육신은 피고름과 똥오줌으로 가득 차 있고, 늙고 병들어 죽고 나면 결국 썩어서 해골만 남게 된다는 독설을 퍼붓는단 소문을 들은 적은 많았다. 그런 이야기를 들을 때마다 아름다움이 가장 큰 밑천인 기녀 시리마는 부처님에 대한 거부감이 점점 커졌다. 그녀는 웃따라를 보며 떨리는 목소리로 말했다.

"마님, 저는 그분에 대한 믿음이 없습니다."

"내가 믿음이 나도록 도와 드리겠습니다. 내일 부처님과 제자들이 이곳에 오십니다. 먼저 공양을 준비하여 그분께 올리고 용서를 구하세요."

웃따라의 목소리는 조용하고, 말투는 부드러웠지만 거절할 수 없는 힘이 담겨 있었다. 시리마는 머리를 조아린 채 알겠다고 대답한 뒤 기루로 돌아갔다. 그러자 웃따라는 주방에서 한창 음식을 만들고 있던 하녀들을 기루로 보내 공양 올릴 음식을 준비하도록 시켰다. 기녀로 키워진 시리마는 주방에 들어가 보는 것도, 음식을 만들어 보는 것도 처음이었지만 웃따라가 보내 준 하녀들과 함께 밤늦도록 정성껏 음식을 만들었다. 이윽고 음식이 완성되자 하녀들은 웃따라의 집으로 옮겨 날랐다.

기녀 시리마의 귀의를 이끈 자비의 마음

다음 날 아침 일찍 웃따라의 집으로 온 시리마는 하녀들과 함께 청소를 하고 음식을 차렸다. 그녀에게서는 지난 보름 동안 작은 안주인 행세를 하며 거만하게 굴던 모습을 전혀 찾아볼 수 없었다.

공양 시간이 되자 부처님이 오백여 명의 제자들과 함께 도착하셨다. 부처님이 준비된 자리에 앉으시자 웃따라는 시리마에게 눈짓을 했다. 하지만 부처님을 뵌 순간 주눅이 들어 버린 시리마는 감히 직접 공양을 올리지 못했고 결국 웃따라가 대신 공양을 올려야 했다.

조용히 앉아 있던 시리마는 부처님이 공양을 끝내시자 비로소 절을 하며 예배를 올렸다. 그리고 웃따라에게 끓는 기름을 부은 것을 고백하며 용서를 구했다. 시리마의 이야기를 들은 부처님은 웃따라에게 물었다.

"시리마가 끓는 기름을 부었을 때 그대는 어떤 마음을 가졌느냐?"

"부처님이시여, 그때 저는 시리마에게 감사한 마음으로 가득 차 있었습니다. 이 세상에는 수많은 사람이 있지만 제가 부처님과 스님들께 공양을 올릴 수 있도록 도와준 사람은 오직 한 사람 시리마뿐이었습니다. 저는 이렇게 생각했습니다. '만약 내가 시리마에게 화를 내거나 미워하는 마음이 있다면 저 기름이 나를 태울 것이요, 그런 마음이 조금도 없다면 저 기름을 맞는다 해도 결코 다치지 않을 것이다.'라고 말입니다."

"웃따라여, 참으로 훌륭하다. 그대의 마음이 바로 성내는 마음을 다스리는 올바른 방법이다. 분노를 분노로 다스려서는 안 되며, 성내는 마음은 겸손함과 자비로움으로 극복해야 한다. 또한 상대방이 악의를 가지고 거칠고 저속한 말과 행동을 하더라도 선한 마음으로 지혜롭게 극복해야 하며 인색한 마음은 베푸는 마음으로, 거짓말은 진실한 말로 극복해야 하느니라."

부처님과 웃따라의 대화를 들은 시리마는 크게 감동하였다. 시리마를 비난했던 하녀들 중에도 남편을 기녀에게 맡겨 놓고 부처님과 스님들께 공양 올리는 웃따라를 이해하지 못하는 이들이 많았다. 하지만 그들은 옷따라가 끓는 기름에도 전혀 상처를 입지 않은 것을 눈앞에서 확인한 데다, 이어서 부처님의 설법을 듣고 비로소 그녀의 마음을 알게 되었다. 시리마와 함께 이날 법문을 들은 여인들은 모두 수다원과를 성취하였고 그 자리에서 부처님께 귀의하였다. 콧대 높은 기녀 시리마가 부처님께 귀의하게 된 이야기는 라자가하에 널리 퍼졌고 부처님의 명성은 더욱 높아졌다. ❀

죽음을 통해 깨달음을 남긴
시리마

부처님과 동시대를 살았던 빔비사라 왕은 독실한 불자이자 교단의 후원자였다.

　어느 날 빔비사라 왕은 웨살리의 기녀 암바빨리에 대한 이야기를 듣고 깜짝 놀란다. 왕자들과 귀족들의 청혼을 거절하고 스스로 기녀의 삶을 선택한 암바빨리. 그녀를 보기 위해 인도 각지에서 돈을 싸들고 찾아오는 부자들로 웨살리가 점점 번영을 누리고 있다는 것이었다. 암바빨리라는 뛰어난 기녀 한 사람이 도시 전체의 번영에 얼마나 큰 영향을 주고 있는지 확인한 빔비사라 왕은 라자가하를 대표하는 기녀를 만들기로 결심하였다. 그는 신하들에게 명하여 암바빨리보다 빼어난 여인을 찾아오라고 하였다.

빔비사라 왕의 후원을 받은 기녀, 살라와띠

　라자가하에는 '살라와띠Sālavatī'라는 이름의 아름다운 처녀가 살고 있었다. 살라와띠를 본 신하들은 그녀가 바로 적임자임을 알았다. 그날 이후 살라와띠는 몸을 꾸미고 단장하는 것을 비롯하여 춤과 노래, 악기 연주 등을 배웠다. 그렇게 일 년이 지나자 살라와띠의 기교는 암바빨리를 능가하게 되었다.

그녀의 준비가 끝나자 빔비사라 왕은 화려한 누각을 지어 주었다. 그리고 누구든 살라와띠를 만나려면 백 냥을 지불해야 한다고 공표했다.

라자가하에 등장한 새로운 기녀 살라와띠에 대한 소문이 퍼지자 내로라는 부자들이 라자가하로 몰려들었다. 빔비사라 왕의 후원과 보호 속에서 살라와띠는 최고의 기녀가 되었고, 그녀로 인해 라자가하는 점점 번영하였다.

기녀의 명성을 유지하기 위해 가장 중요한 것은 모든 남자에게 잊을 수 없는 사랑스러운 여인이 되는 것이었다. 유일무이한 만인의 연인이 되어야 하지만 어느 한 사람과 사랑에 빠지는 것은 절대 금물이었다. 하지만 한 남자로 인해 살라와띠는 이 금기를 깨고 말았다. 그녀의 마음을 사로잡은 남자는 빔비사라 왕의 아들인 아바야Abhaya 왕자였다. 사랑에 빠진 두 사람은 사람들의 눈을 피해 만남을 가졌고, 얼마 후 살라와띠는 자신이 임신한 것을 알게 되었다. 축복받을 수 없는, 원치 않는 임신이었다.

빔비사라 왕이 직접 발탁하여 키워 낸 살라와띠는 단순한 기녀가 아니었다. 그녀는 라자가하를 대표하는 얼굴이었고, 왕실의 후원을 받고 있었다. 만약 임신한 사실이 알려진다면 어떤 벌을 받게 될지 알 수 없었고, 지금까지 쌓아온 부와 명성을 모두 잃을 수도 있었다.

아바야 왕자와 결혼을 할 수 없다는 것을 잘 알았던 살라와띠는 임신을 감추기 위해 몸이 아프다는 핑계를 대고 몇 달 동안 사람들을 만나지 않았다. 그녀는 결국 비밀리에 출산을 준비하였고, 긴 진통 끝에 아이가 태어났다. 건강한 사내아이였다.

한 어머니에게서 태어난 남매, 지와까와 시리마

보통의 여인이라면 아들 낳은 것을 기뻐했을 테지만 살라와띠는 그럴 수가 없었다. 만약 딸이 태어났다면 기녀로 키울 수 있었겠지만 남자아이를 기루에서 키울 수는 없었기 때문이다. 살라와띠는 아들을 한 번 안아보지도 않은 채 시녀에게 데리고 나가 버리고 오라고 말했다. 누군가 아이를 발견한다 해도 부모가 누구인지 절대 알지 못하도록 흔해 빠진 천으로 아이를 둘둘 감싼 시녀는 으슥한 새벽을 틈타 쓰레기장으로 향했다. 그리고 아이를 내려놓은 뒤 사방을 살피며 부리나케 기루로 돌아갔다.

바로 그날, 아침 일찍 궁으로 향하던 아바야 왕자는 웬 까

마귀 무리가 쓰레기 더미 앞에서 시끄럽게 지저귀는 것을 발견했다. 이상한 생각이 들어 가까이 가 보니 갓난아이가 버려져 있었다. 다행히 숨이 붙어 있는 것을 확인한 왕자는 아이에게 '살아 있다.'는 뜻의 '지와까Jivaka'라는 이름을 지어 준 뒤 궁으로 데려가 후궁들에게 맡겼다. 왕자가 밖에서 데려온 사내아이를 본 후궁들은 '왕족의 아이'라는 의미를 담아 그를 '꼬마라밧짜Komārabhacca'라고 불렀다.

아바야 왕자는 지와까가 자신의 친아들이라는 것을 끝까지 몰랐다. 하지만 인과의 연에 따라 결국 그의 손으로 아이를 거두게 된 셈이다.

시간이 흘러 청년으로 성장한 지와까는 어느 날 아바야 왕자를 찾아가 가장 큰 고민인 어머니에 대한 질문을 던졌다. 그는 늘 자신의 출생에 대하여 의문을 품고 있었기 때문이다. 지와까의 질문을 들은 아바야 왕자는 조금의 망설임도 없이 대답하였다.

"지와까야, 나는 너의 어머니가 누구인지는 알지 못한다. 하지만 너를 키운 것은 나이며, 내가 너의 아버지이다."

왕자의 대답을 들은 지와까는 깊이 감동하였다. 그러나 계속해서 아바야 왕자에게 의지해 살아갈 수 없다는 생각이 들었다. 자립과 보은을 위해 재주를 배워야겠다고 생각한 지와까는 고민 끝에 의술을 선택하였다.

결국 그는 인도 최고의 의사가 되었고, 훗날 왕실과 교단의 주치의로 활약하게 된다. 사실 '지와까'라는 이름 속에는 '살아 있다.'는 의미뿐 아니라 '살아남아 남을 이롭게 한다.'는 뜻도 숨어 있었다. 이름에 담긴 의미대로 지와까는 수많은 사람을 살리고 치료하는 의사의 길을 걷게 된 것이다.

시리마는 살라와띠의 딸로 지와까와는 아버지가 다른 남매였다. 지와까를 버리고 난 후에도 살라와띠는 변함없이 기녀로서의 명성을 떨치고 있었다. 몇 년이 흘러 살라와띠는 또다시 아이를 갖게 되었다. 이번에는 딸이었다. 이미 나이가 들어 가던 살라와띠는 딸에게 '시리마'라는 이름을 지어 주고 자신의 후계자로 키웠다.

살라와띠의 딸로 태어난 순간 시리마의 운명은 이미 정해져 있었다. 어려서부터 살라와띠의 모든 기예를 전수받은 시리마는 자연스럽게 기녀가 되었다. 일찍부터 사치스러운 삶에 익숙해진 그녀는 자신의 아름다움을 찬탄하며 온갖 보석을 바치는 남자들에게 둘러싸여 지냈다.

하지만 웃따라와의 인연을 통해 부처님께 귀의한 시리마는 이후 스님들께 공양을 올리고 법문을 듣는 것을 가장 큰 기쁨으로 삼게 되었다. 매일 여덟 명의 스님들께 공양을 올리겠다고 발원을 한 시리마는 하루도 빠짐없이 이를 지켜 나갔다.

시리마를 향한 상사병에 걸린 스님

　시리마의 공양은 이내 스님들 사이에서 화제가 되었다. 시리마의 초대를 받은 스님들은 왕족과 귀족, 부유한 상인들을 위한 연회에서나 볼 수 있었던 진귀한 요리에 놀랐고, 법문을 듣는 그녀의 공손한 태도에 감탄하였다.

　그러던 어느 날, 출가한 지 얼마 되지 않은 스님이 시리마의 공양 초대를 받았다. 탁발을 하면서 외면당한 적도 있었고, 외도를 믿는 사람들로부터 험한 소리를 들은 적도 많았던 스님은 난생 처음 보는 고급스럽고 맛있는 음식에 놀랐다. 또한 여덟 명의 스님들이 모두 입에 맞는 식사를 할 수 있도록 모든 음식을 넉넉하게 준비한 후 시중을 드는 시리마의 마음씨에 감동하였다.

　공양을 마치고 죽림정사로 돌아온 스님은 다른 스님에게 오늘 공양 초대를 해 준 시리마가 얼마나 우아하고 아름다웠는지, 또 그녀의 대접이 얼마나 융숭하였고 음식이 얼마나 맛있었는지 자랑했다.

　아직 시리마를 본 적이 없던 스님은 이야기를 듣는 동안 그만 그녀에게 연모의 감정을 갖게 되었다. 한 번 시작된 연모의 감정은 점점 강렬해졌고, 시리마를 못 보면 병이 날 것만 같은 초조함으로 바뀌었다. 다음 날 날이 밝자마자 스님은 시리마의 초대에 가기로 되어 있던 다른 스님에게 순서를 바꾸어 달라고 간곡하게 부탁했다. 그리하여 마침내 시리마의 공양을 받으러 가게 되었다.

기대에 부풀어 시리마의 기루에 도착한 스님은 공양에는 손도 대지 않은 채 그녀가 나오기를 기다렸다. 그런데 그날따라 시리마는 몸이 몹시 좋지 않았다. 평소라면 직접 공양 시중을 들었겠지만 움직이는 것조차 힘에 겨워 침대에서 일어날 수가 없었다. 간신히 몸을 일으킨 시리마는 스님들이 공양을 마치실 때쯤 하녀의 부축을 받으며 걸어 나와 예배를 올렸다. 화장기 없이 핼쑥한 얼굴에 금방이라도 쓰러질 것처럼 가냘픈 몸매의 시리마를 본 순간, 스님은 격렬한 사랑에 빠졌다.

'병중에도 저토록 아름다운데 건강할 때는 얼마나 아름다울 것이란 말인가!'

시리마에게 지독하게 반해 버린 스님은 죽림정사로 돌아온 후 먹고 자는 일도 잊은 채 상사병을 앓기 시작했다.

스님의 상사병이 시작된 바로 그날, 상태가 악화된 시리마는 밤을 넘기지 못하고 세상을 떠났다. 지난날에 대한 깊은 참회와 청정한 공양 보시를 통해 업장을 모두 씻어 내자 선물처럼 죽음이 찾아온 것이다.

시리마는 왕실의 후원을 받은 기녀였기 때문에 그녀의 죽음은 빔비사라 왕에게 전해졌고, 이내 지와까도 알게 되었다. 지와까는 부처님께 시리마가 세상을 떠났음을 말씀드렸다. 그러자 부처님은 그녀의 시신을 화장하지 말라고 당부했다. 하루가 지나고 이틀이 지나자 화장터로 옮겨진 시리마의 시신은 고약한 악취를 풍기며 썩기 시작했고, 사흘이 지나자 시체에서 구더기가 들끓었다.

썩은 육신을 통해 깨달음을 주다

이윽고 부처님은 시리마의 시신을 공개해도 좋다고 말했고, 모든 비구들에게 화장터로 올 것을 명했다. 상사병을 앓던 스님도 '시리마'라는 단어를 듣자 화장터로 달려갔다.

그곳에는 이미 많은 사람들이 모여 있었다. 하지만 썩어 문드러져 악취를 풍기는 시신을 본 사람들은 식겁하며 코를 막고 고개를 돌렸다. 사람들의 표정과 마음을 두루 읽은 부처님은 시리마의 시신 앞에 나란히 서 있던 빔비사라 왕에게 물었다.

"왕이시여, 이 시신은 누구입니까?"

"이 시신은 기녀 시리마입니다."

흉측하게 썩어 가는 시체가 시리마라는 이야기를 들은 사람들은 깜짝 놀랐다. 그중 가장 놀란 사람은 그녀를 연모했던 스님이었다. 저 시체가 자신이 사흘 동안 밤낮도 잊고, 먹는 것과 자는 것도 잊을 만큼 열렬하게 연모했던 여인이라는 것을 믿을 수가 없었다. 하지만 이어진 부처님의 말씀은 더욱 충격적이었다.

"누구든 황금 천 냥을 내면 이 시신을 가져갈 수 있소."

사람들의 웅성거림이 잦아들었다. 한때 시리마와 하룻밤을 보내기 위해 거금을 물 쓰듯 했던 사람 중 어느 누구도 나서는 사람이 없었다. 그러자 부처님은 오백 냥, 백 냥, 열 냥, 한 냥으로 가격을 계속 낮췄고 나중에는 거저 주겠다고까지 했다. 하지만 구더기가 들끓는 시체를 원하는 사람은 당연히 아무도 없었다.

화장터는 고요한 침묵으로 가득했다. 이 모습을 가만히 지켜보던 부처님께서 말씀하셨다.

"여기 세상 사람들의 사랑과 찬탄을 받던 여인이 있다. 한때 많은 사람들은 이 여인을 위해 하룻밤에 황금 천 냥을 쓰는 것도 아까워하지 않았다. 하지만 지금은 아무도 원하지 않고 있다. 본디 육신이란 아무리 아름다워도 결국 이처럼 썩기 마련이다. 그럼에도 미혹한 사람들이 육신과 아름다움에서 헤어나지 못한 채 자신의 마음이 만들어 낸 환상을 부여잡는다."

부처님의 설법을 듣는 순간 상사병에 빠졌던 스님은 맹목적인 연정에서 깨어나 깨달음을 얻었다.

같은 시각, 천신의 몸을 받아 도리천에 태어난 시리마는 자신의 장례식에 참석하여 부처님의 설법을 함께 들었다. 부처님의 설법이 끝나자 천신의 모습을 드러낸 그녀는 부처님의 가피로 천상에서 태어난 것을 찬탄하였고, 이 모습을 지켜본 모든 사람들은 크게 감동하였다. 🌸

"본디 육신이란 아무리 아름다워도
결국 이처럼 썩기 마련이다.
그럼에도 미혹한 사람들이
육신과 아름다움에서 헤어나지 못한 채
자신의 마음이 만들어 낸 환상을 부여잡는다."

PART
4

부처님을 괴롭힌
나쁜 여자들

복수의 화신이 된 악녀
마간디야

꾸루Kurū국 한 마을에 고귀한 신분과 부유한 재산을 지닌 브라만 부부가 살고 있었다. 부부에게는 '마간디야Māgandiyā'라는 이름의 딸이 하나 있었는데, 그녀는 어려서부터 빼어나게 아름다웠다. 희고 매끄러운 피부, 탐스러운 머릿결, 오이씨처럼 갸름한 얼굴에 반달처럼 화사한 눈썹, 조각처럼 반듯한 콧날과 그린 것처럼 또렷한 입술을 지닌 마간디야는 날이 갈수록 어여쁘게 성장했다. 제법 예쁘다는 이야기를 들었던 여자들도 마간디야가 나타나면 생기를 잃은 채 자신의 얼굴을 부끄러워하면서 가리기에 급급했다. 부부는 언제나 딸을 자랑스럽게 생각했고, 딸의 얼굴만 보고 있노라면 세상에 부러울 것이 없었다.

어느덧 결혼할 나이가 된 마간디야는 모든 남성들이 꿈에 그리는 완벽한 여인의 모습을 갖추었다. 마간디야가 있는 곳에서는 어떤 여인도 남자들의 시선조차 받지 못했다. 하지만 누구도 시샘하거나 질투하지 않았다. 다만 한숨만 푹푹 내쉴 뿐이었다. 마간디야의 아름다움이 그만큼 압도적이었기 때문이다.

최고의 신분과 부유한 집안 그리고 빼어난 외모까지 무엇하나 부족함이 없었던 마간디야는 여자들에겐 부러움의 대상이 되는 것에 익숙하고, 남자들에게 온갖 찬사와 열렬한 사랑을 받는 것에 익숙해지면서 점점 안하무인의 오만한 성품을 갖게 되었다.

게다가 마간디야의 아버지는 그야말로 딸 바보였다. 그는 콧대가 하늘을 찌르는 마간디야가 못생긴 여자들을 무시하고 구애를 하는 창창한 청년들에게 모욕을 줄 때마다 딸을 타이르기는커녕 딸의 미모에 어울리는 완벽한 사위를 반드시 찾아내겠다고 다짐했다. 하지만 어떤 훌륭한 청년도 눈에 들어오지 않았다. 그에게는 딸 마간디야가 눈에 넣어도 아프지 않을 만큼 완벽했기 때문이다. 마간디야 부녀는 그렇게 허세에 푹 빠져 헤어 나오질 못한 채 완벽한 남자를 찾을 생각으로 콧대만 점점 더 높아져 갔다.

부처님께 청혼을 거절당한 마간디야

그러던 어느 날 마간디야의 아버지는 길에서 걸식하는 부처님의 모습을 보게 되었다. 자비롭고 온화한 얼굴과 우아한 걸음걸이, 걸식을 하고 있지만 품위가 넘치는 말투와 행동, 마음을 편안하게 만들어 주는 목소리는 자나 깨나 그려왔던 완벽한 남자 그 자체였다.

'바로 이 남자야말로 나의 아름다운 딸 마간디야의 배필이

되기에 적당하다!'

부처님을 본 마간디야의 아버지는 정신이 번쩍 들었다. 그는 부처님이 출가사문이라는 것을 알면서도 이를 무시한 채 자신의 딸과 맺어 주겠다고 결심했다. 물론 혼자만의 결심이었지만 이를 실천하기 위해 헐레벌떡 집으로 달려갔다. 그리고 딸과 아내에게 조금 전 길에서 보게 된 부처님에 대한 이야기를 털어놓았다.

완벽한 남자가 마침내 나타났다는 이야기에 마간디야의 가슴은 설레기 시작했다. 그녀는 즉시 화사하게 치장을 했다. 한편 마간디야의 어머니는 남편에게 자초지종을 듣고 나자 드디어 사윗감을 발견했다는 생각에 두 팔을 걷어 부치고 나섰다. 그렇게 세 사람은 함께 집을 나섰다.

마간디야의 아버지는 아내와 딸을 데리고 먼저 부처님이 공양을 했던 곳으로 뛰어갔다. 하지만 부처님은 이미 마을을 벗어난 후였고, 그는 사람들에게 물어물어 뒤를 쫓았다. 이제 곧 딸의 배필이 되기에 부족함이 없는 완벽한 사윗감을 만날 수 있다는 생각에 가슴이 뛰었다.

그 시각 걸식을 마친 부처님은 마을 외곽의 숲에 머물고 계셨다. 마간디야의 가족은 부처님이 계신 숲으로 걸음을 옮겼다. 그때였다. 마간디야의 어머니 눈에 부처님이 걸어가신 발자국이 들어왔다. 부처님이 걸어가신 발자국을 찬찬히 바라보던 그녀는 그 발자국이 남편이 말한 '완벽한 사문'의 것임을 직감하며 말했다.

"이 발자국을 보니 당신이 말한 그분은 모든 욕심을 여읜 사람임이 틀림없습니다. 모든 욕심이 사라진 사람이 아니고 서야 이렇게 안정되고 차분한 발자국을 남길 수 없을 것입니다. 이 발자국의 주인이 그분이라면 마간디야의 남편으로 만들겠다는 당신의 생각은 부질없는 짓이 분명합니다."

다행히 마간디야의 어머니는 지혜로운 여자였다. 하지만 마간디야의 아버지는 아내의 말을 듣지 않았다. 마간디야 역시 어머니의 말을 무시한 채 아버지를 따라 부처님이 계신 곳을 향해 발걸음을 재촉했다. 그리고 마침내 나무 아래 앉아 계신 부처님을 발견한 마간디야의 아버지는 달려가 무릎을 꿇고 말했다.

"사문이여, 당신의 몸은 이미 도道와 덕행德行이 가득 찼으니 세속으로 돌아가도 좋을 것이오. 여기 이 아름다운 여인은 바로 내 딸 마간디야라오. 당신이 내 딸과 결혼을 해 준다면 나는 매우 기쁠 것이오."

부처님께 자신의 딸과 결혼해 줄 것을 청하는 그의 눈에는 딸에 대한 자랑스러움이 가득했다.

아버지 옆에 서서 한껏 아름다운 자태를 뽐내고 있던 마간디야 역시 부처님을 보자 마음이 흔들렸다. 항상 남자들을 무시했던 마간디야는 화사한 미소를 지으며 부처님을 바라보았다. 많은 남자들이 찬사를 바쳤던 바로 그 미소였다.

그녀는 당연히 부처님이 청혼을 수락할 것이라고 생각했다. 하지만 부처님은 마간디야와 그녀의 아버지를 향해 그윽하고 아름다운 미소를 지으며 대답했다.

"갈망과 집착 그리고 욕망으로부터 자유로운 사람은 어떤 것에도 유혹을 느끼지 않는다. 나는 이미 하늘의 천녀와 마왕의 세 딸들의 유혹도 물리쳤노라. 하물며 더러운 피고름과 똥오줌으로 가득한 육체는 더 말할 것도 없다. 대체 무엇이 아름답다는 말인가. 나는 이 여인에게 손가락 하나 대고 싶지 않다."

꼬삼비의 왕비가 된 마간디야의 복수

마간디야의 얼굴은 부끄러움으로 빨갛게 달아올랐다. 태어나서 한 번도 외모에 대해 모욕을 당해 본 적이 없던 그녀는 '피고름과 똥오줌으로 가득 찬 육체'라는 부처님의 비유에 자존심이 상했다. 자신이 세상에서 가장 아름답다는 오만한 생각으로 가득 차 있던 마간디야의 대굴욕이었다. 진심

으로 자신을 원치 않는 부처님을 보며 충격을 받은 마간디야
는 할 말을 잃은 채 하얗게 질렸다.

한편 마간디야의 아버지는 부처님의 말씀을 들으며 벼락
을 맞은 것 같은 충격을 받았다. 자신의 딸이 세상에서 가장
아름답다는 생각으로 오만방자하게 살아왔던 그는 부처님의
말씀을 듣고 나서 세속의 욕망과 아름다움이란 순간에 지나
지 않는다는 것을 깨달았다. 마간디야의 어머니 역시 부처님
의 거룩한 자태와 거침없는 법문에 크게 감동을 받았다. 부부
는 그만 마간디야를 까맣게 잊은 채 그 즉시 부처님을 스승으
로 모실 것을 맹세하며 아예 출가해 버렸다.

굴욕적인 거절에 이어 눈앞에서 자신을 버리고 부처님을
택한 부모님을 본 마간디야의 마음속에는 지독한 분노가 솟
구쳤다. 그녀는 자신을 모욕하고 부모님을 빼앗아 간 부처님
에게 반드시 복수를 하겠다고 다짐했다.

출가할 생각도, 부처님의 제자가 될 생각도 전혀 없던 마
간디야는 숙부에게 맡겨졌다. 마간디야의 숙부는 야망이 큰
남자였다. 그녀의 남편감을 찾던 숙부는 우데나 왕을 떠올
렸다. 마간디야의 미모라면 우데나 왕의 마음을 사로잡기
에 충분하고도 남았다. 더구나 우데나 왕이 다스리는 꼬삼비
는 마간디야의 고향 꾸루국보다 훨씬 부유하고 강력한 국가
였다. 복수를 위해 힘을 갖고 싶었던 마간디야는 기꺼이 숙부

의 계획에 동참했다.

생각대로 우데나 왕은 마간디야를 보자마자 한눈에 반했고 그녀의 숙부에게 높은 지위와 많은 선물을 내렸다. 우데나 왕에게는 사마와띠 왕비가 있었고 그 외에도 많은 후궁들이 있었지만, 마간디야는 단번에 두 번째 왕비로 책봉되었다. 우데나 왕은 아름다운 마간디야에게 푹 빠졌다. 결국 많은 부인들 중에서 가장 총애받는 왕비가 된 마간디야는 막강한 권력을 휘두르게 되었다.

얼마 후 부처님과 제자들이 꼬삼비를 방문하시자 마간디야는 기회를 놓치지 않고 불량배들을 매수한 뒤 부처님과 제자들이 탁발을 하러 마을에 나올 때마다 괴롭히라고 명령했다. 돈을 벌 생각에 들뜬 불량배들은 수하들을 모두 동원해 부처님과 제자들을 볼 때마다 따라다니며 온갖 욕설을 퍼부었다. 또 삭발한 머리며 탁발하는 모습을 놀림감으로 삼아 비웃었다. 돌을 던지거나 침을 뱉고 오물을 뿌리는 등 난폭한 행동도 서슴지 않았다. 견디다 못한 아난다 존자는 눈물을 글썽이며 부처님께 꼬삼비를 떠나 다른 도시로 가자고 간청했다. 그러자 부처님은 조용히 말씀하셨다.

"수행자는 소란이 일어났을 때 떠나서는 안 된다. 소란이 가라앉도록 최선을 다해야 한다. 소란이 사라진 후 가고자 하는 곳으로 가도 늦지 않다. 지금은 저 어리석은 자들의 행동

"수행자는 소란이 일어났을 때 떠나서는 안 된다.
소란이 가라앉도록 최선을 다해야 한다.
소란이 사라진 후 가고자 하는 곳으로 가도 늦지 않다.
지금은 저 어리석은 자들의 행동을 묵묵히 참고 견뎌야 한다."

을 묵묵히 참고 견뎌야 한다."

부처님의 말씀을 들은 아난다 존자와 제자들은 그 어떤 험악한 욕설과 난폭한 행동에도 동요하지 않은 채 평소처럼 걸식과 수행을 계속하였다. 그렇게 칠 일이 지나자 불량배들은 스스로 자신의 행동에 부끄러움을 느꼈고, 꼬삼비의 사람들은 말없이 인욕을 실천하는 부처님과 제자들에게 커다란 존경의 마음을 품게 되었다. 부처님과 제자들을 모욕하고자 했던 마간디야의 계획이 실패한 것이다. 마간디야는 부처님에게 더 큰 증오를 느꼈다. 결국 그녀는 부처님께 귀의한 사마와띠 왕비를 이용하여 또 다른 복수를 계획하기 시작했다.

마간디야의 모함에 빠진 사마와띠

이 무렵 사마와띠 왕비는 시녀 쿳줏따라를 통해 부처님의 법문을 듣고 교단에 귀의한 상태였다. 바른 법에 눈을 뜬 그녀는 마간디야처럼 애욕과 질투에 휩싸이지 않았고 언제나 평온한 마음을 유지하였다. 다만 한 가지, 부처님을 직접 뵐수 없는 것이 가장 괴로울 뿐이었다. 왕비라는 신분 때문에 왕궁 밖을 출입하는 것이 자유롭지 못했고, 무엇보다 우데나 왕이 아직 부처님께 귀의하지 않았기 때문이었다.

결국 사마와띠는 부처님을 뵙고 싶은 간절한 마음 때문에 왕궁 담벼락에 몰래 구멍을 뚫었다. 탁발 나오신 부처님을 뵙기 위해서였다. 이를 알아챈 마간디야는 사마와띠 왕비와 부처님의 스캔들을 조작하여 두 사람을 모두 제거할 계획을 세웠다. 사마와띠 왕비가 사라진다면 첫 번째 왕비의 자리를 얻게 될 것이요, 부처님께 오명을 씌운다면 자신을 모욕했던 것에 대한 복수를 완성할 수 있기 때문이었다. 하지만 마간디야의 계획은 이번에도 수포로 돌아갔다. 아무 증거도 나오지 않았기 때문이다.

사마와띠 왕비를 모함하려던 계획이 실패하자 마간디야는 또 다른 계략을 꾸몄다. 우데나 왕은 사마와띠 왕비와 마간디야 왕비의 궁을 며칠씩 오가며 지내곤 했다. 어느 날 우데나 왕이 사마와띠 왕비의 궁으로 가려고 하자 마간디야는 질투를 참을 수가 없었다. 그래서 그녀는 독이 든 뱀을 구해 우데나 왕이 즐겨 연주하던 삼현금* 안에 몰래 넣었다. 그리고 우데나 왕과 함께 사마와띠 왕비의 처소까지 따라갔다.

사마와띠 왕비의 처소에 도착한 마간디야는 자신이 먼저 침실을 확인하겠다며 삼현금 안에 넣어 온 뱀을 사마와띠 왕

---

* 세 개의 줄이 있는 현악기.

비의 침대 위에 꺼내 놓고 비명을 질렀다. 마간디야의 비명에 놀라 사마와띠의 침실로 달려간 왕은 침대 위에서 또아리를 튼 뱀을 보고 크게 분노하였다.

"이것은 맹독을 지닌 뱀이 아닌가? 어찌 그대가 나에게 이럴 수 있단 말인가! 마간디야가 아니었다면 오늘 그대의 처소에서 목숨을 잃었을지도 모를 일이로다."

우데나 왕의 목소리가 커질수록 마간디야의 얼굴에는 미소가 번졌다. 사마와띠 왕비는 아무런 변명도 하지 않은 채 처분을 기다렸다. 그러자 우데나 왕은 사마와띠 왕비와 그녀의 시녀들을 모두 후원으로 나오라고 외쳤다.

"그대가 나를 독으로 죽이려 했으니 나도 그대를 독으로 벌할 것이다."

우데나 왕은 사마와띠 왕비를 향해 독을 바른 화살을 겨냥했다. 사마와띠 왕비와 오백 명의 시녀들은 죽음 앞에서 조금도 두려워하지 않았고, 증오나 원한의 마음을 갖지도 않았다. 오히려 어리석음으로 스스로를 망치는 우데나 왕과 마간디야를 향한 자비의 마음으로 기도를 올렸다.

사마와띠의 차분한 얼굴을 본 우데나 왕은 더욱 분노하여 화살을 날렸다. 그런데 화살은 왕비의 근처에 가기도 전에 꽃으로 변했다. 당황한 우데나 왕은 화살 몇 발을 더 쏘았지만 화살은 사마와띠 왕비 곁에 가면 모두 꽃으로 변했고, 왕비의 털끝 하나 건드리지 못했다. 우데나 왕은 점차 두려운 마음이 들어 차마 활시위를 당기지 못한 채 땀을 비 오듯 흘렸다. 결국 왕은 사마와띠가 결백하다는 것을 알고 그녀에게 용서를 구했다.

악행을 저지른 과보를 받다

우데나 왕은 마간디야가 어떠한 억지를 부려도 자비의 마음을 잃지 않는 사마와띠 왕비에게 감화된 나머지 부처님께 귀의하였고, 부처님과 제자들을 궁으로 초대하여 공양을 올리고 설법을 들었다. 또한 사마와띠 왕비는 왕의 허락을 얻어 당당하게 부처님의 법문을 들으러 다닐 수 있게 되었다. 반면 사마와띠 왕비를 없애려는 계획에 실패하고 우데나 왕조차 부처님께 귀의하자 마간디야의 분노는 더욱 커졌다. 결국 그녀는 우데나 왕이 자리를 비운 틈을 타 숙부에게 사마와띠 왕비의 궁에 불을 지르라고 시켰다.

사마와띠 왕비의 궁은 순식간에 불길에 휩싸였다. 왕비와 오백 명의 궁녀들은 절망적인 상황 속에서도 좌선을 한 채 마음을 집중하며 깨달음을 구했고, 많은 이들은 숨이 끊어지기 전 아라한과를 성취하였다. 하지만 사마와띠 왕비와 시녀들은 결국 모두 세상을 떠나고 말았다.

궁으로 돌아온 우데나 왕은 사마와띠 왕비의 참혹한 죽음에 할 말을 잃었다. 하지만 사마와띠 왕비를 죽음으로 몰고 간 진짜 범인을 찾기 위해 슬픔을 억누르고 짐짓 기쁜 얼굴로 마간디야에게 물었다.

"안 그래도 사마와띠 왕비가 언제 나를 죽일지 몰라 늘 불안했다. 조만간 왕비를 처형하려고 했는데 누가 나를 대신하여 큰 공을 세웠구나. 이런 일을 한 사람은 진정으로 나를 아끼고 생각하는 사람일 것이다. 왕비의 궁에 불을 지른 사람에게 큰 상을 내리겠다."

이 말을 들은 마간디야는 안심하여 웃음을 터뜨리곤 자랑스럽게 답했다.

"사랑하는 왕이시여, 제가 당신을 위해 악독한 사마와띠의 궁에 불을 질렀나이다."

마침내 마간디야의 입에서 자백을 들은 우데나 왕은 모두 그녀의 악행이었음을 알게 되었다. 그는 그녀를 당장이라도 처형하고 싶었지만 태연한 척 미소를 지으며 말했다.

"마간디야, 그대는 참으로 어진 부인이로다. 그대를 첫 번째 왕비로 삼고 그대의 친척들에게 큰 상을 내릴 것이니 지금 바로 나의 마차를 타고 가서 한 사람도 빠짐없이 왕궁으로 데려오게."

마간디야는 한 치의 의심도 하지 않은 채 우데나 왕의 마차를 타고 의기양양하게 숙부의 집으로 향했다.

그녀가 왕궁 밖으로 나가자마자 우데나 왕은 군사들을 시켜 성문을 굳게 걸어 잠근 뒤 사람이 들어갈 수 있을 정도로 깊고 커다란 구덩이를 팠다. 그리고 그 위를 얇은 천으로 덮고 흙을 뿌려 감쪽같이 흔적을 없앴다.

이윽고 마간디야와 그녀의 숙부를 비롯하여 왕의 상을 받기 위해 많은 일가친척들이 궁으로 몰려왔다. 우데나 왕은 그들이 모두 모이기를 기다렸다가 성문을 열었다. 그러자 한꺼번에 많은 사람들이 서로를 밀치며 들어왔다. 우데나 왕은 그들의 모습을 하나도 빠짐없이 지켜보았다. 그를 본 마간디야와 그녀의 숙부가 반색을 하며 앞으로 나선 순간 이들은 미리 파 놓은 커다란 구덩이에 빠졌다. 그러자 군사들은 재빨리 흙을 덮어 머리만 밖에 내놓은 채 사지를 움직일 수 없게 만들었다. 마간디야와 그녀의 숙부를 비롯한 모든 이들이 머리만 내놓은 채 구덩이에 파묻히게 된 것이다.

방금 전까지 축제 분위기였던 왕궁 안에는 비명과 울부짖는 고함으로 가득했다. 우데나 왕은 애처로운 눈으로 자신을 바라보는 마간디야를 향해 사마와띠 왕비와 오백 명의 시녀들을 불태워 죽인 죄를 물었다. 그제야 모든 것이 왕의 계획이라는 것을 알아챈 마간디야는 두려움에 몸을 떨었다. 하얗게 질린 마간디야의 얼굴은 여전히 아름다웠으나 사마와띠 왕비를 잃은 우데나 왕의 마음은 이미 그녀를 떠난 후였다.

우데나 왕은 마간디야와 그녀의 친척들이 묻힌 구덩이 위를 볏짚으로 덮은 뒤 불을 붙였다. 타오르는 왕궁 안에서 목숨을 잃은 사마와띠 왕비와 똑같은 고통을 느끼며 죽음을 맞도록 하기 위해서였다. 마간디야와 그녀의 친척들은 몸이 타들어 가는 고통 속에서 살려 달라고 통곡했다. 하지만 그것도 잠시, 불길이 거세질수록 비명은 점점 작아졌다. 불길이 잦아들자 우데나 왕은 소와 말이 끄는 쟁기로 그들이 묻힌 땅을 아예 갈아 버렸다. 결국 마간디야는 끊임없는 악행의 과보를 받게 된 것이다. ❁

부처님과 스캔들을 일으킨 여인들
순다리와 찐짜

죽림정사에서 머무시는 동안 부처님과 교단은 많은 혜택과 보호를 받았다. 죽림정사를 기증한 사람이 바로 마가다 왕국을 다스리는 빔비사라 왕이었고, 부처님의 제자를 자청한 그는 총애하던 케마 왕비가 출가를 원하자 그녀를 황금 가마에 태워 죽림정사로 보내기까지 했다.

　또한 부처님의 상수제자인 사리뿟따와 마하목갈라나는 마가다 왕국에서 가장 촉망받는 브라만 출신이었고, 부처님의 의발제자 마하깟사빠 또한 가문의 재산이 빔비사라 왕을 능가할 정도로 부유하고 유서 깊은 브라만 출신이었다. 그러다 보니 라자가하의 백성들은 부처님과 교단을 향해 존경의 시선을 보냈다.

　그런데 교단의 성장을 위한 모든 조건들이 물 흐르듯 자연스럽게 갖춰졌던 마가다 왕국과 달리 꼬살라 왕국에 자리를 잡는 과정은 녹록치 않았다. 그중에서도 순다리와 찐짜가 일으킨 스캔들은 부처님의 명성에 치명적인 오점을 남길 뻔했다.

꼬살라의 미녀, 순다리의 죽음

　부처님 당시 '순다리Sundari'라는 이름은 미녀의 대명사였던 것 같다. 부처님의 이복동생 난다Nanda의 아내 역시 '순다리'라는 이름을 가지고 있었다. 순다리는 '자나빠다깔야니Janapadakalyāṇī'라고도 불렸는데 이는 '나라에서 제일가는 미녀'라는 뜻이었다. 그녀의 미모가 어찌나 대단했는지 난다의 잘생긴 얼굴도 순다리 앞에서는 빛을 잃었다. 그래서 난다는 '순다리의 남편'이라는 뜻을 담아 아예 '순다리난다Sundarinanda'라는 별명으로 불리기도 했다.

　까삘라왓투 최고의 미녀가 '순다리'였다면 꼬살라 왕국의 수도 사왓티에도 '순다리'라는 이름의 미녀가 살고 있었다. 사왓티의 순다리 역시 출중한 미모로 소문이 자자했다. 그녀는 자신의 미모를 매우 자랑스럽게 생각했고 다른 사람들에게 칭송받는 것을 즐겼다.

　한편 부처님과 교단이 서서히 자리를 잡아가자 사왓티의 외도들은 생계를 염려할 지경이 되었다. 바른 수행을 통해 바른 법문을 들려주고 보시를 받는 스님들로 인해 수행자의 겉모습을 가졌다는 이유만으로 존경을 받을 수 없었고, 마르지 않는 우물과도 같았던 미가라의 후원은 끊긴 지 오래였기 때문이다. 법문 듣기를 기뻐하며 보시하는 것을 즐거워하는 사람들이 늘어날수록 외도들은 부처님과 스님들을 시기하였다. 이대로 밀려날 수는 없다고 생각한 외도들은 한자리에 모여 '어떻게 하면 부처님의 명성을 떨어뜨릴 수 있을까?'에 대해 진지하게 의논을 하였다. 그중 한 사람이 순다리를 이용하자는 제안을 했다. 그럴듯한 계획이었다. 외도들은 당장에 순다리를 찾아가 달콤한 칭찬을 퍼부으며 그녀를 설득했다.

"순다리, 축복받은 아름다움을 지닌 여인이여!"

"그대의 빼어난 미모와 매력이라면 여인의 육체를 더럽다고 말하는 고따마Gotama*를 충분히 유혹할 수 있을 것이라네."

순다리는 아무리 아름다운 여인이라도 마치 누이동생이나 어머니처럼 대하는 교단의 스님들에 대해 거부감이 있었다. 그러던 중 외도들이 자신을 찾아와 간곡하게 부탁을 하자 우쭐한 기분이 든 그녀는 그들의 부탁을 흔쾌히 수락했다. 다음 날부터 순다리는 매일 옷을 곱게 차려 입고 화사하게 화장을 한 후 신도들이 설법을 듣고 나오는 시간에 맞춰 기원정사로 향했다. 그녀를 알아본 사람들이 어디로 가는지 물어보면 순다리는 큰 소리로 대답했다.

"부처님을 뵈러 갑니다."

---

*   부처님의 속가 성(姓).

사람들은 설법이 끝난 시간에 부처님을 뵈러 간다는 순다리의 말에 고개를 갸웃거렸다. 그럴수록 그녀는 고개를 꼿꼿하게 치켜들고 말했다.

  "나는 설법을 들으러 가는 것이 아니라 부처님을 만나러 갑니다."

  이런 일이 며칠 동안 계속 반복되자 사람들 사이에서는 부처님이 순다리를 은밀하게 만난다는 소문이 돌기 시작했다. 순다리는 자신을 보고 수군거리는 사람들이 많아질수록 속으로 기뻐했다.

  한편 계획이 어느 정도 성공했다고 생각한 외도들은 비밀리에 살인 청부업자를 불렀다. 그리고 순다리를 제거한 뒤 그녀의 시체를 누더기에 싸서 부처님이 머무는 향실 근처에 묻어 버리라고 시켰다. 외도들이 주는 돈을 두둑하게 챙겨 받은 청부업자들은 순다리를 살해하였고, 그녀는 자신이 죽는 이유조차 알지 못한 채 비참하게 목숨을 잃었다. 외도들이 순다리를 죽인 데에는 부처님의 명성을 완전히 떨어뜨리기 위한 목적이 있었다.

비난의 독화살을 맞다

    다음 날 외도들은 사왓티를 돌아다니며 순다리가 없어졌다고 난리를 피웠다. 그러면서 순다리가 사라지기 전 부처님과 은밀하게 만남을 가졌다는 소문을 퍼트렸다. 소문은 걷잡을 수 없이 커져 순다리 실종 사건은 마침내 빠세나디 왕의 귀에까지 들어갔다.

    빠세나디 왕은 고민하였다. 부처님은 아무런 변명을 하지 않으셨고 소문은 너무나 그럴듯했기 때문이다. 마음 한구석에 의심을 품은 빠세나디 왕은 순다리 실종 사건에 대하여 자세히 조사할 것을 명했다. 그러자 순다리가 최근까지 기원정사를 자주 드나드는 것을 보았다는 목격자들이 나왔고 사라지기 전 그녀가 마지막으로 모습을 보인 것은 기원정사로 가는 길이었다는 증언이 쏟아졌다. 즉 부처님을 만나러 기원정사에 간다는 말을 남긴 뒤 흔적도 없이 사라졌다는 것이었다.

    빠세나디 왕은 군사들에게 기원정사를 샅샅이 수색하라는 명을 내렸다. 한편 부처님은 스님들에게 군사들이 무사히 조사를 할 수 있도록 협조하라고 말씀하셨다. 무장을 하고 사원으로 들어온 군사들은 스님들이 사용하는 처소를 거칠게 뒤

졌고, 그들을 따라온 외도들은 소란을 피우며 부처님을 모욕하는 말을 쉴 새 없이 퍼부었다. 이윽고 부처님이 머무는 향실만 남긴 채 모든 처소의 수색이 끝났다.

향실 앞으로 간 외도들은 미리 표시를 해 둔 땅을 파헤쳤다. 그러자 순다리의 시체가 모습을 드러내기 시작했다. 살점은 이미 썩어 가고 있었지만 옷이며 머리며 모든 증거들이 순다리라는 것을 증명하고 있었다. 시체를 찾아낸 외도들은 비열한 미소를 지으며 부처님을 향해 소리쳤다.

"순다리의 시체가 여기 있다!"

"고따마의 제자들이 스승의 음행을 감추려고 순다리를 죽인 것이다!"

"겉으로는 고결한 척 하더니 실로 더러운 자들이로다!"

차마 들을 수 없는 욕설 앞에서 스님들은 눈을 질끈 감았고, 아난다 존자는 눈물을 흘리며 어쩔 줄 몰라 하는 얼굴로 부처님만 바라보았다. 하지만 부처님의 입은 여전히 굳게 닫혀 있었고 얼굴에서는 어떤 표정도 읽을 수가 없었다.

순다리의 죽음과 부처님의 음행에 대한 소문은 진실로 탈바꿈하였고 순식간에 사왓티를 강타했다. 순다리가 기원정사에 드나드는 것을 보았던 사람들은 부처님을 비난하며 고개를 돌렸고 스님들이 탁발을 하러 거리에 나오면 더러운 고따마와 그의 제자들이라며 돌을 던졌다. 상처투성이가 되어 도망치듯 기원정사로 돌아온 스님들은 부처님께 달려가 사실을 말했다.

"부처님, 지금 온 사방에서 벌떼처럼 일어나는 비난과 욕설은 도저히 견딜 수 없습니다. 신도들도 부처님을 비방하며 떠나고 있습니다. 이를 어찌하면 좋습니까?"

그러자 부처님께서는 조용히 제자들을 바라보며 대답하셨다.

"거짓말은 결코 오래 가지 않는다. 세간의 비난과 욕설은 일주일이 지나면 자연히 사라지게 될 것이다."

당장이라도 기원정사를 떠나고 싶었던 스님들은 일주일을 견뎌야 한다는 부처님의 말씀에 한숨을 쉬었고 몇 명은 눈물을 흘리기도 했다. 그만큼 부처님과 스님들을 향한 비난의 화살이 거셌기 때문이다. 하지만 부처님의 명이니 따를 수밖에 없었다.

마침내 드러난 진실

일주일이 흘렀다. 그동안 스님들은 탁발을 나갈 때마다 부처님의 제자라는 이유만으로 온갖 욕설을 들어야만 했다.

마지막 칠 일째 되던 날 저녁, 순다리를 살해한 청부업자들은 술에 취해 사소한 시비 끝에 싸움을 벌였다. 감정이 격해진 이들은 극도로 흥분하여 고함을 지르며 서로의 치부를 건드렸다. 그러던 중 순다리의 죽음에 대한 이야기가 나왔다. 그때 싸움을 말리러 온 병사가 이들의 이야기를 듣게 되었다. 술에 취하여 횡설수설하기는 했으나 무언가 심상치 않음을 알아차린 병사는 이들을 모두 체포하여 빠세나디 왕 앞으로 끌고 갔다.

빠세나디 왕 앞으로 끌려간 청부업자들은 마침내 자신들이 외도의 사주를 받고 순다리를 죽여 부처님의 처소인 향실 부근에 묻었다고 털어놓았다. 자초지종을 모두 확인한 빠세나디 왕은 분노하였다. 그는 부처님을 의심했던 것과 군사들을 시켜 기원정사를 수색하게 했던 것에 대한 후회가 밀려들었다. 소문을 철썩 같이 믿고 그 난리를 쳤는데 부처님의 얼굴을 어떻게 다시 볼 수 있단 말인가. 지난 일주일 동안 거리에서는 부처님과 스님들을 조롱하고 비방하는 소리들이 끊임없이 울려 퍼졌다.

이 문제를 어떻게 바로잡고 해결해야 할지 고민하던 빠세나디 왕은 청부업자들에게 직접 자신의 죄를 큰 소리로 외치며 사왓티를 한 바퀴 돌고 오도록 명했다. 죄인이 타는 수레에 오른 청부업자들은 군사들의 삼엄한 감시 속에서 목이 쉬도록 자신들이 저지른 죄를 외쳤다.

청부업자들을 태운 수레가 왕궁 앞을 지나 처형장에 도착했을 때 이미 그곳은 사람들로 가득했다. 빠세나디 왕은 청부업자들의 죄목을 조목조목 외친 후 모든 사람들이 보는 앞에서 처형하였다. 진짜 범인이 누구인지 알게 된 사람들은 그제서야 비로소 부처님에 대한 의심을 거두게 되었고, 교단과 스님들을 향한 욕설을 멈추었다. 부처님의 말씀대로 일주일이 지나자 세간의 비난과 욕설이 사라진 것이다. 인욕의 마음으로 모든 비방을 참아낸 부처님과 스님들에 대한 명성은 더욱 커졌고, 교단에 귀의하는 신도들도 크게 늘어났다. 진실의 승리이자 인욕의 승리였다.

부처님의 아이를 임신했다고 주장한 찐짜

순다리 외에도 부처님을 곤란하게 만든 여인으로 '찐짜 Ciñcā'가 있다. 찐짜 역시 꼬살라 왕국 출신으로 그녀는 빼어난 아름다움으로 몸에서 마치 빛이 나는 것 같단 칭송을 받는 여인이었다.

순다리와 마찬가지로 외도들의 사주를 받은 찐짜는 부처

님을 비방하는 일에 선뜻 나섰다.

찐짜는 순다리보다 훨씬 신중하게 행동하였다. 그녀는 먼저 기원정사 근처에 은신처를 만들었다. 그리고 날이 어두워지면 기원정사에 가는 척 하였고, 이른 새벽이면 기원정사에서 나오는 척 하였다. 그러다 사람들과 마주치면 마치 큰 비밀이 있는 것처럼 굴었다.

찐짜는 정말 아름다웠기 때문에 처음에 사람들은 기원정사를 찾는 그녀를 볼 때마다 황홀한 기분을 느꼈다. 하지만 찐짜의 이상한 행동이 계속되자 결국 궁금증을 참지 못한 누군가가 그녀를 붙들어 도대체 기원정사에서 무슨 일을 하느냐고 물었다. 그러자 찐짜는 은밀하게 속삭였다.

"이 늦은 시간에 어디를 가십니까?"

"향실에 갑니다."

"부처님께서는 이미 설법을 마치셨습니다. 우리도 설법을 듣고 나오는 길입니다."

"설법을 들으러 가는 것이 아니라 부처님이 부르셔서 가는 것입니다."

찐짜의 말을 들은 사람들은 고개를 갸웃거렸다. 때로는 아침 일찍 기원정사를 찾은 사람들이 그녀를 만날 때도 있었다. 그러면 찐짜는 일부러 옷매무새와 머리를 흐트러뜨리고 나른한 표정을 지었다.

"찐짜, 아침부터 어디를 다녀오시나요?"

그러면 그녀는 비밀을 감춘 사람처럼 그의 귀에 대고 소근거렸다.

"부처님과 잠을 자고 나오는 길입니다."

찐짜의 말을 들은 사람들은 깜짝 놀랐다. 하지만 그녀의 말을 곧이곧대로 믿지는 않았다. 워낙 엄청난 일이었기 때문이다.

몇 달 후 찐짜는 마치 임신을 한 것처럼 배에 천을 감고 돌아다녔다. 찐짜의 배가 눈에 띄게 불러오자 그때서야 사람들은 수군거리기 시작하였다. 이에 질세라 찐짜는 사람들과 만날 때마다 자신이 부처님의 아이를 임신했다고 떠들었다. 소문은 삽시간에 퍼져 나갔다.

이윽고 구 개월이 지났을 때 찐짜는 둥그렇게 깎은 나무를 배에 대고 천으로 묶어 만삭인 듯 보이는 몸으로 설법하시는 부처님 앞에 모습을 드러냈다. 찐짜의 당당한 모습을 본 신도들은 당황해 그녀와 부처님의 얼굴을 번갈아 보며 어쩔 줄을 몰라 했다. 찐짜는 아무 말 없이 앉아 계신 부처님을 향해 손가락질을 하며 말했다.

"저는 당신 때문에 아이를 가졌습니다. 이제 출산일이 다가오는데 당신은 집도 마련해 주지 않고, 음식도 준비해 주지 않고 있습니다. 당신은 나와 즐거움을 함께했으면서 아기에 대해서는 왜 아무런 관심도 보이지 않으십니까?"

"찐짜여, 네 말이 진실인지 아닌지를 알고 있는 사람은 이 세상에 나와 너밖에 없다."

"물론입니다. 당신과 나만이 알고 있는 결과가 바로 이것입니다."

만삭인 것처럼 보이는 배를 부처님에게 들이밀며 찐짜가 표독스럽게 말했다. 일이 이렇게 되자 사람들은 진실 공방을 놓고 서로 소곤거리기 시작하였고, 신도를 가장하여 앉아 있던 외도들은 이때다 싶어 소란을 피웠다. 그 순간 이 모습을 지켜보던 천신 제석이 쥐로 모습을 바꾼 뒤 찐짜의 치마 속으로 들어갔다. 그리고 그녀의 허리에서 바가지를 고정하고 있던 끈을 물어뜯었다. 이내 찐짜의 배가 쑥 꺼지며 둥근 바가지가 탕 소리를 내고 땅으로 떨어졌다. 찐짜의 거짓말이 만천하에 드러난 것이다.

찐짜의 거짓말에 분노한 사람들은 그녀를 기원정사 밖으로 내쫓았다. 그런데 그녀의 두 발이 기원정사 밖으로 나간 순간 땅이 두 갈래로 갈라지며 무간지옥에서 뿜어져 나온 불꽃이 그녀의 몸을 감쌌다. 찐짜는 지옥의 뜨거운 화염에 싸인 채 지옥으로 떨어졌다. 🌸

"찐짜여,
　　네 말이 진실인지 아닌지를 알고 있는 사람은
이 세상에 나와 너밖에 없다."

　　"물론입니다.
　　　　당신과 나만이 알고 있는 결과가
　　　　　　바로 이것입니다."

부처님을 찾아 온
이상한 여자들

아들과 남편을 잃고 미쳐 버린
빠따짜라

부처님이 가르침을 펴시는 동안 부처님에게 귀의한 여자들은 셀 수 없이 많았다. 물론 부처님과 부처님의 가르침을 있는 힘껏 거부한 마간디야 왕비 같은 여자도 있었다.

그런데 여기서 눈여겨볼 것은 누구나 부러워할 만한 고귀하고 부유한 가정에서 태어나 아름답게 성장하여 좋은 남자와 혼인해 사랑을 듬뿍 받았던 여자들도 모두 행복하지만은 않았단 점이다.

빼어난 아름다움을 지녔지만 결혼에 세 번이나 실패하고, 결국엔 몸을 파는 창녀가 되어 목갈라나 존자를 유혹하려 했던 웁빨라완나Uppalavaṇṇā 비구니도, 어여쁜 얼굴로 인해 교만함이 높았던 케마 왕비도 결국엔 부처님의 법 안에서 안식을 찾았다. 이들 못지않게 드라마틱한 인생을 살다가 출가한 여인이 있었으니 그녀가 바로 빠따짜라Paṭācārā 비구니이다.

사랑의 도피 행각을 벌인 철없는 소녀

빠따짜라는 꼬살라국의 수도 사왓티에서 장사로 부를 쌓아 성공한 재력가의 딸로 태어났다. 부모님의 넘치는 사랑 속에서 좋은 것만 먹고, 고운 옷만 입으며 그녀는 점점 어여쁜 숙녀로 성장했다. 찰랑거리는 머리카락, 풍만한 가슴과 잘록한 허리, 탄력 있는 엉덩이에 늘씬한 다리, 교태가 넘치는 표정까지 빠따짜라는 모든 남자들이 선망하는 아름다움을 고루 갖춘 처녀가 되었다. 그러자 부모의 근심은 커졌다.

티 없이 순수해서 더 농염한 딸을 볼 때마다 노심초사하던 부모는 '아예 유혹이 될 만한 것들로부터 멀어지게 한다면 딸이 안전하지 않겠는가.' 하는 생각을 하게 되었다. 결국 빠따짜라는 칠층 저택의 꼭대기에 마련된 방에서 하인들의 시중과 보호를 받으며 지내게 되었다. 그러다 보니 당연히 외간 남자를 일절 만날 수가 없었다. 답답할 만도 할 텐데 아무런 불만 없이 자신들의 뜻에 따라 주는 딸의 모습에 부모는 안심하였다.

빠따짜라의 아름다움과 정숙함에 대한 소문이 널리 퍼지자 높은 신분과 부유함으로 명성이 자자한 집안에서 혼담이 들어왔다. 부모는 기쁜 마음으로 혼인을 수락하였다.

하지만 모든 것은 착각이었다. 빠따짜라는 부모의 눈을 피해 자신을 시중드는 하인과 사랑에 빠져 몰래 정을 통하고 있었다. 엄격하게 단속했던 게 오히려 부작용을 일으킨 것이다.

결혼식 날짜가 다가오자 빠따짜라는 결국 몰래 정을 통했던 하인과 함께 야반도주를 했다. 그때 빠따짜라의 나이는 고작 열여섯, 부모의 신뢰와 애정을 저버리는 것이 어떤 의미인지도 모른 채 그저 달콤한 열망에 들뜬 철없는 소녀였다.

사랑하는 사람의 손을 잡고 도망치는 달콤함도 잠시, 고향에서 멀리 떨어진 마을에 정착한 두 사람은 차가운 현실과 마주쳐야 했다. 마냥 행복할 줄만 알았던 상상과 달리 수중에 가진 돈과 팔 수 있을 만한 옷가지, 보석이 모두 떨어지자 당장 먹고사는 것부터가 문제였다. 평생 공주처럼 시중만 받아왔을 뿐 고생이라고는 해 본 적 없었던 빠따짜라는 땅을 일궈 농사를 짓는 남편과 함께 물을 긷고 음식을 만들며 힘들게 살았다.

길 위에서 낳은 첫째 아들

물집 잡힌 손과 거칠어진 얼굴을 보며 우울한 나날을 보내던 빠따짜라는 얼마 후 자신이 임신한 사실을 알게 되었다. 입덧의 고통이 심해질수록 부모님 생각이 간절했다. 더군다나 당시 결혼한 여자는 친정에서 출산을 하는 풍습이 있었다. 부처님의 어머님이신 마야 부인 역시 출산을 위해 고향에 가던 중 룸비니 동산에서 부처님을 낳지 않으셨던가!

출산일이 다가오자 빠따짜라는 남편에게 친정에 가게 해 달라고 애원했다. 하지만 남편은 그녀가 친정에 돌아갈 경우가 걱정이었다. 그녀의 부모가 하인과 야반도주한 것도 모자라 임신까지 한 딸을 용서할지 두려웠던 것이다. 하인이었던 남편은 빠따짜라의 부모가 그녀를 얼마나 애지중지해 왔는지 누구보다 잘 알았고, 행여 친정으로 돌아간 아내가 맞아 죽지는 않을지 진심으로 염려되었다.

친정에 가는 것을 허락하지 않자 빠따짜라는 남편이 잠시 외출한 틈을 타서 몰래 친정으로 향했다. 뒤늦게 그녀가 없어진 것을 알아챈 남편이 한달음에 달려와 말렸지만 빠따짜라는 막무가내였다.

그런데 실랑이를 하던 중 갑자기 진통이 시작되었고, 결국 빠따짜라의 첫아들이 길가의 덤불 옆에서 태어났다. 아이가 태어나자 친정에 갈 명분이 사라졌다. 간신히 몸을 추스른 빠따짜라는 갓난 아들을 안고 남편과 함께 집으로 돌아왔다.

몇 년 뒤 빠따짜라는 둘째를 임신하게 되었다. 출산일이 가까워 오자 그녀는 무조건 친정에 가겠다며 첫째를 등에 업고 길을 떠났다. 아내를 막을 수 없었던 남편은 빠따짜라를 따라가면서 수시로 다시 돌아가자고 설득했다. 하지만 이미 힘겨운 삶에 치여 지칠 대로 지친 그녀는 남편의 만류가 귀에 들리지 않았다. 그러던 중 날이 어둑어둑해지자 하룻밤 눈을 붙이기 위해 간신히 몸을 누이려는 순간, 갑자기 번개가 치면서 폭우가 쏟아졌다.

남편과 아들들의 비참한 죽음

천둥과 번개에 놀랐는지 갑작스럽게 진통이 시작되었다. 쏟아지는 비를 맞으며 배를 부여잡고 어쩔 줄 몰라 하는 빠따짜라를 위해 남편은 필사적으로 주위를 살폈다. 그의 눈에 덤불이 보였다. 저 덤불이라면 아내가 아이를 낳는 데 조금이라도 도움이 되겠다 싶은 생각에 그는 앞뒤 재지 않고 덤불을 헤집었다. 그 순간 덤불 아래 숨어 있던 독사가 그의 팔을 물었다. 독은 순식간에 온몸으로 퍼졌고 빠따짜라의 남편은 비명을 지를 틈도 없이 목숨을 잃었다. 한편 쏟아지는 빗속에서 남편이 오길 기다리던 빠따짜라는 혼자 아이를 낳게 되었다.

폭풍 속에서 피를 많이 흘린 빠따짜라는 얼굴이 창백해졌다. 몰아치는 비바람을 견디다 못해 가슴을 파고들며 울부짖는 두 아이들을 달래며 밤을 새운 그녀는 비틀거리는 몸을 일으켰다. 밤새 돌아오지 않은 남편을 찾기 위해서였다. 그리고 이내 독이 퍼져 자줏빛 싸늘한 시체가 된 남편을 발견했다. 잠시 그를 원망했던 빠따짜라는 기절할 듯 놀라 비명을 질렀다.

남편을 잃은 빠따짜라가 갈 곳이라고는 이제 친정밖에 없었다. 친정에 가려면 강을 건너야 했다. 그러나 지난밤 내린 폭우로 갑자기 강물이 불어나는 바람에 두 아이를 데리고 보따리까지 짊어진 채 강을 건너는 것은 불가능했다. 빠따짜라는 큰아들에게 꼼짝 말고 기다리라 단단히 일러둔 뒤 갓난아이를 품에 안고 강을 건넜다.

이윽고 강 건너에 도착한 빠따짜라는 안전한 곳에 갓난아이를 잘 눕혀 놓고 큰아들을 데려오기 위해 다시 강으로 들어갔다. 강을 건너면서도 그녀는 수시로 갓난아이가 잘 있는지 확인하며 뒤를 돌아보았다. 그런데 강을 반쯤 건넜을 무렵, 커다란 독수리 한 마리가 갓난아이를 채 가려고 하는 것이 아닌가. 눈이 뒤집힌 빠따짜라는 독수리를 쫓아내려 소리를 지르고 손을 휘두르며 달렸다. 하지만 거센 물살 때문에 앞으로 나가는 것이 쉽지 않았다. 필사적으로 손을 휘둘렀지만 결국 독수리는 갓난아이를 낚아채어 유유히 사라졌다.

눈앞에서 독수리의 먹잇감으로 아이를 빼앗긴 빠따짜라는 멍한 얼굴로 큰아들이 있는 곳을 바라보았다. 그리고 다시 한 번 눈이 휘둥그레졌다. 손을 흔드는 그녀의 모습을 보고 자신을 부르는 것이라 착각한 어린 아들이 혼자 강을 건너고 있었던 것이다. 거센 물살은 손쓸 틈도 없이 그녀의 하나 남은 아이마저 꿀꺽 삼켜 버렸다.

"남편은 독사에 물려 죽고, 한 아들은 독수리가 낚아채 가고, 한 아들은 강물에 떠내려갔소!"

하룻밤 사이에 남편과 두 아이를 잃은 빠따짜라는 길을 걸으며 실성한 사람처럼 울부짖었다. 그러던 중 사왓티에서 오는 중이던 사람과 마주친 그녀는 부모님 소식을 알고 있는지 물었다. 이름만 대면 알만한 부유한 집안이었으니 혹시나 들은 것이 있지 않을까 기대한 것이다. 그러자 그가 말했다.

"여인이여, 그 집이라면 잘 알고 있소. 간밤에 몰아친 폭우로 부부가 모두 죽어서 이웃과 친지들이 오늘 화장을 했소. 지금 그것을 보고 오는 길이라오."

사왓티에 나타난 미친 여자

남자의 말이 끝나자마자 빠따짜라는 정신을 잃었다. 잠시 후 정신이 든 그녀는 머리카락과 옷을 쥐어뜯으며 비명을 질렀다. 옷이 다 뜯겨 나가 알몸이 된 것도 모른 채 빠따짜라는 사왓티를 향해 걸었다.

"빠따짜라여, 걱정하지 말라.
너는 너를 보호해 줄 수 있고,
   인도해 줄 수 있는 곳에 이르렀느니라.
그대가 바로 그대 자신의 안식처이고,
그대 자신의 피난처이며,
      그대 자신의 귀의처이다."

사왓티의 사람들은 갑자기 나타난 미친 여자를 보고 깜짝 놀랐다. 사람들은 발가벗은 채 초점 없는 눈으로 울부짖다가 몸을 쥐어뜯는 빠따짜라를 보고 눈살을 찌푸리며 미쳤다고 욕을 했고, 쓰레기를 던지거나 침을 뱉기도 했다.

한편 신통력으로 빠따짜라가 오는 것을 보신 부처님은 그녀를 기원정사로 인도했다. 벌거벗은 채 정신도 온전치 않은 여자가 기원정사에 나타나 부처님께 가려고 하자 사람들이 길을 막았다. 그러자 부처님이 말씀하셨다.

"아무도 저 여인을 막지 말라."

부처님의 말씀에 사람들은 그녀를 더 이상 막지 않았다. 빠따짜라가 부처님 앞에 이르자 누군가 옷을 던져 주었다. 부처님은 자비가 가득한 눈으로 그녀를 보며 입을 열었다.

"빠따짜라야, 정신을 차리고 조용히 네 마음을 지키거라."

부처님의 음성을 듣는 순간 빠따짜라의 정신이 간신히 제자리로 돌아왔다. 그제서야 자신이 알몸이라는 것을 안 그녀는 부끄러워하면서 몸을 가리고 고개를 숙였다. 그리고는 눈물을 흘리며 자신이 여기에 오기까지 겪은 일을 이야기했다. 빠따짜라의 이야기를 들은 대중들은 비로소 그녀의 고통을 알게 되었고 더러 눈물을 흘리기도 했다. 빠따짜라의 이야기가 끝나자 부처님은 그녀를 보며 말씀하셨다.

"빠따짜라여, 걱정하지 말라. 너는 너를 보호해 줄 수 있고, 인도해 줄 수 있는 곳에 이르렀느니라. 그대가 바로 그대 자신의 안식처이고, 그대 자신의 피난처이며, 그대 자신의 귀의처이다.

이미 저세상으로 가 버린 아들이나 남편, 친지들은 안식처나 피난처가 되지 못한다. 수없이 많은 세월을 윤회하는 동안 그대가 부모와 형제, 남편과 아들, 사랑하는 친지들을 잃은 슬픔으로 흘린 눈물은 바다보다도 많다."

사랑하는 이를 모두 잃은 고통에 울부짖던 빠따짜라는 부처님의 법문을 들으며 비통한 슬픔에서 벗어날 수 있었다. 그녀가 슬픔에서 벗어난 것을 아신 부처님은 설법을 계속하셨다.

"이미 세상을 떠나 버린 사람에 대해서 지나치게 생각지 말아야 한다. 그보다는 스스로 좀 더 깨어 있도록 노력해야 하며, 청정한 마음으로 니르바나nirvāna*를 깨닫기 위해 정진해야 한다."

지독한 슬픔과 고통에 몸부림치던 빠따자라는 이 짧은 법문을 듣고 곧바로 수다원과를 성취하였다. 그리고 부처님의 허락으로 출가하여 비구니가 되었다. 그 후 아라한과를 성취

---

* 열반(涅槃). 끊임없는 수행을 통해 진리를 체득하여 미혹과 집착을 끊고 일체의 속박에서 해탈한 최고의 경지.

한 빠따짜라 비구니는 자식을 잃고 고통스러워하는 많은 여인들을 바른 법으로 인도하였으며 모든 비구니들의 귀감이 되는 큰 수행자가 되어 부처님의 칭찬을 받았다. ❀

귀신에게 아기를 빼앗긴
여인

2,500여 년 전 스스로 깨달음을 얻으신 부처님은 이후 중생 제도의 길을 걸으셨고, 미혹에서 벗어나는 길을 가르치셨다. 부처님이 가르친 대상 중에는 선근이 깊고 총명하며 빼어난 출가 제자들도 많았지만 비천하고 가난하며 일자무식인 사람도 있었고, 도저히 말이 통하지 않을 것 같은 오만하고 악독한 사람도 있었다. 하지만 부처님은 자신을 찾아온 이들의 근기根機*에 맞는 법문을 들려주셨고, 법문을 듣고도 이해하지 못하면 알아들을 수 있게 차근차근 끝까지 설법을 하셨다. 실로 부처님은 탁월한 설득의 대가였고, 위대한 스승이었다.

부처님의 설법과 설득은 인간에게만 통한 것이 아니었다. 천상의 신들과 지옥의 신들 그 중간에서 살아가는 셀 수 없이 많은 귀신과 마구니들까지도 부처님에게 감화되었다. 이들 중에는 바른 진리를 깨우쳐 즐거움을 얻은 자들도 있었고, 지난날의 과보를 깨달아 깊은 참회를 통해 진리에 다가선 자들도 있었다.

어느 날 지독한 악연으로 인해 윤회를 거듭하며 분노와 괴로움의 독화살을 서로에게 쏘아대던 여인과 귀신이 동시에 부처님을 찾아왔다. 질투에서 비롯된 치정과 간접 살인으

---

*　중생이 가르침을 받고 제각기 이를 깨달을만한 능력.

로 생을 거듭하며 악연을 쌓아 온 이들이었다. 부처님은 놀라운 지혜로 귀신과 여인을 화해시키고 참회와 깨달음을 가르쳤다. 인간의 영역을 훌쩍 넘어선 부처님의 가르침은 너무나도 인간적이었기에 우리에게 깊은 감동을 준다.

아이를 두 번이나 잃은 여인

부처님이 꼬살라국 기원정사에 머물고 계실 때였다. 이때 수도 사왓티에 비탄에 잠긴 여인이 있었다. 그녀의 슬픔은 가장 행복한 순간에 시작되었다.

혼기가 찬 그녀는 가족들의 축하를 받으며 결혼식을 올리고 시댁이 있는 사왓티에서 살게 되었다. 얼마 후 여인은 아이를 임신하였다. 여인의 배가 불러오자 남편과 시댁에서는 기뻐하며 아이가 태어나기를 기대하였다. 여인 또한 어머니가 될 날을 손꼽아 기다렸다. 첫 출산인 만큼 시댁에서는 그녀가 마음을 편안하게 가질 수 있도록 세심하고 꼼꼼하게 출산을 준비했다.

시간이 흘러 산달이 되었고 여인은 모두의 사랑 속에서 건강한 아들을 낳았다. 시댁에서도 손자의 탄생에 흐뭇함을 감추지 못했고 집안은 며칠 동안 축하 손님들로 북적였다. 하지만 몸조리를 해야 하는 여인은 줄곧 방안에서만 지내야 했다. 이를 안타깝게 생각한 남편은 얼마 후 아내의 가장 친한 친구들을 집으로 초대하였다. 엄마가 된 행복도 컸지만 단조로운 생활이 답답하기도 했던 여인은 오랜만에 친구들이 찾아오자 즐거운 시간을 보냈다.

여인의 친구들은 포동포동하게 살이 오른 아기를 보자 서로 안아 보고 싶어 하였다. 이런 모습을 지켜보면서 여인은 연신 웃음을 지었다. 아내의 웃는 얼굴을 보자 남편도 기뻤다. 그런데 친구들이 다녀간 지 얼마 지나지 않아 아이는 숨을 거두고 말았다. 방금 전까지도 엄마의 품에서 옹알이를 하며 힘차게 젖을 물던 아기는 점점 싸늘해지더니 미동도 하지 않았다.

이유조차 알 수 없는 아이의 죽음을 여인은 믿을 수가 없었다. 여인은 차가워진 아이를 부둥켜안고 하염없이 눈물을 흘렸다. 아이가 태어난 후 웃음소리가 끊이지 않았던 집안은 무덤처럼 고요해졌다.

남편은 아이를 잃고 실의에 빠진 아내를 극진하게 보살폈다. 남편의 사랑에도 불구하고 여인은 한참이 지나서야 간신히 슬픔에서 벗어날 수 있었다. 결국 시간이 가장 좋은 약이었다. 서서히 기운을 차린 그녀는 얼마 후 다시 아이를 갖게 되었다. 그녀는 혹시나 아이가 잘못될까 싶어 몸가짐을 더욱 조심하였다. 엄마의 염려를 아는 것인지 아이는 배 속에서부터 힘차게 태동을 하며 무럭무럭 자라났고 건강하게 태어났다. 이번에도 아들이었다. 여인과 남편은 물론 기뻤지만 혹시나 남들의 시샘을 살까 싶어 손님도 초대하지 않았다. 하지만 아기는 어느 날 밤을 넘기지 못하고 숨을 거두었다. 여인은 가슴을 부여잡고 미친 사람처럼 통곡하였지만 아이를 살릴 수는 없었다.

아이가 태어날 때마다 나타난 귀신

첫아이에 이어서 두 번째 아이까지 잃어버린 여인은 슬픔에서 벗어나는 데 오랜 시간이 걸렸다. 그리고 세 번째 임신을 하게 되었다. 이번에는 아이를 가졌다는 기쁨보다는 혹시 또 잘못되지 않을까 하는 두려움이 더 컸다. 여인은 두 아이를 잃었던 일을 떠올리며 의심스러웠던 부분을 고민하고 또 고민하였다. 배 속에 있을 때는 그토록 건강하던 아이들이 태어나자마자 아무 이유 없이 숨을 거둔 것은 분명 귀신의 농간이라는 생각이 들었다.

배가 불러오자 여인은 친정 식구들을 불렀다. 사왓티에서 친정까지는 먼 거리였지만 딸이 두 번이나 자식을 잃은 것을 알게 된 식구들은 기꺼이 달려와 주었다.

진통이 시작되자 여인은 친정 식구들에게 곁을 지키게 하였고, 혹시 귀신이 나타나거든 아이를 데려가지 못하게 해 달라며 신신당부를 하였다. 이윽고 긴 진통 끝에 세상에 나온 아기는 건강한 울음을 터트렸다. 극심한 고통 속에서도 여인은 정신을 바짝 차리고 아기를 곧장 품에 안은 채 주위를 살폈다. 그때였다. 아이의 울음소리를 들은 여자 귀신이 방 안으로 들어왔다. 여인의 눈이 하녀로 모습을 바꾼 귀신과 마주쳤다. 하녀의 얼굴은 첫 아이와 둘째 아이가 태어난 날에도 방 안에서 보았던 낯선 얼굴과 닮아 있었고, 의혹은 점차 확신으로 바뀌었다. 그 순간 하녀의 눈에서 살기를 본 여인은 비명을 지르며 아이를 부둥켜안았다.

여인이 자신의 정체를 눈치챈 것을 안 귀신은 냉소를 지으며 아이에게 달려들었다. 여인은 아이를 품에 안은 채 벌떡 일어나 도망쳤다. 도망을 치면 칠수록 귀신은 더욱 집요하게 따라왔다. 얼마 지나지 않아 여인의 다리에 힘이 풀렸다. 하지만 그녀는 계속해서 귀신을 피해 도망치고 또 도망쳤다. 귀신에게 쫓기던 여인은 부처님과 스님들이 계신 기원정사까지 가게 되었다. 그녀는 그곳이 사원인지도 모른 채 허겁지겁

안으로 들어갔다.

여인과 귀신, 부처님 앞에서 만나다

같은 시각, 부처님께서는 설법을 하고 계셨고, 많은 스님들과 사람들이 부처님을 둘러싸고 단정하게 앉아 있었다. 하지만 다급한 여인의 눈에는 그런 모습이 전혀 들어오지 않았다. 다만 그녀는 부처님만이 이 아이를 살려 주실 수 있다는 생각뿐이었다.

여인은 대중들을 헤치고 부처님 앞으로 달려가 품 안에 있던 아기를 내려놓으며 제발 이 아이를 살려 달라고 애원하였다. 사람들은 갑작스럽게 등장한 여인의 사연을 알 수 없었지만 눈물범벅이 된 그녀의 애처로운 얼굴을 보면서 자신도 모르게 마음이 뭉클해졌다.

설법을 멈춘 부처님은 여인과 아이를 바라보았다. 그리고 천안통天眼通*으로 두 사람을 따라오던 여자 귀신이 부처님

---

* 육통(六通)의 하나로 육안으로 볼 수 없는 것을 보는 신통력을 말한다. 육통은 천안통을 비롯하여 천이통(天耳通) · 타심통(他心通) · 숙명통(宿命通) · 신족통(神足通) · 누진통(漏盡通)을 일컫는다.

과 사원을 지키는 호법 신장에게 제압당하여 기원정사 안으로 들어오지 못하고 있는 것을 보게 되었다. 부처님을 보호하는 수호신의 기에 눌린 귀신은 기원정사를 노려보며 여인과 아기가 다시 나오기만을 기다리고 있었다.

"아난다여, 지금 사원 밖에는 이 두 사람을 따라온 여자 귀신이 있을 것이다. 귀신을 이곳으로 데려오거라."

부처님의 말을 들은 여인의 얼굴이 하얗게 질렸다. 귀신이라는 말에 반신반의하던 사람들은 아난다 존자가 여자 귀신을 데리고 오자 깜짝 놀라서 웅성거렸다. 당장이라도 아기를 죽일 것처럼 살기등등하던 여자 귀신은 부처님 앞에 서자 자신도 모르게 고개를 조아렸다. 여인과 귀신은 아이를 가운데 두고 부처님 앞에 나란히 앉게 되었다.

"이 여인은 아들을 두 번이나 잃었다. 바로 저 귀신이 갓난아이의 목숨을 빼앗았기 때문이다. 그리고 귀신은 지금 여기 있는 세 번째 아이의 목숨을 빼앗기 위해 이곳에 왔다."

부처님의 말씀에 사람들이 술렁였다. 사람들의 마음을 읽은 부처님은 다시 말씀하셨다.

"내가 이제 이 두 사람의 인연을 말해 주리라."

윤회를 거듭하며 이어진 여인과 귀신의 악연

오래전 한 여인이 살고 있었다. 여인은 아이를 갖지 못하는 몸이었는데 이를 알지 못한 채 혼인을 하게 되었다. 혼인을 한 후 몇 년이 지나도록 자식이 태어나지 않자 남편은 대를 잇기 위해 첩을 들였다. 자식을 얻기 위해서라고는 했으나 첩과 남편이 한 방을 쓸 때마다 여인의 마음은 까맣게 타들어 갔다. 하지만 아이를 낳지 못하는 그녀는 질투조차 할 수 없었다.

얼마 후 첩은 임신을 하였다. 임신 소식을 들은 남편은 크게 기뻐하였고 그 모습을 본 여인은 자신의 위치가 불안해졌다. 만약 첩이 아들이라도 낳게 된다면 남편의 사랑을 빼앗기는 것은 시간문제였다. 아무리 조강지처라 하여도 자식을 낳지 못하는 이상 결국 첩과 첩이 낳은 아들의 시중을 들면서 하녀처럼 살게 될 것이 뻔했다.

몇 날 며칠 전전긍긍하던 여인은 용한 무당을 수소문한 끝에 태아를 없애는 방법을 알아냈다. 그리고 첩을 위해 주는 척하면서 은밀한 방법으로 태아를 유산시켰다. 그러고는 아이를 잃고 슬픔에 잠긴 첩을 위로해 주었다.

얼마 후 첩은 다시 임신을 하였다. 이번에도 여인은 같은 방법으로 태아를 유산시켰다. 두 번이나 아이를 잃은 첩은 자책하며 눈물을 흘렸다. 여인은 첩이 슬퍼하는 것을 보며 속으로 고소한 마음을 금치 못했다.

시간이 흘러 첩은 세 번째 임신을 하게 되었다. 하지만 전과 달리 첩은 여인을 의심하였고 마침내 그녀가 계속해서 태아를 유산시킨 것을 알게 되었다.

아이를 지키려는 첩의 빈틈없는 경계로 인해 여인은 첩의 세 번째 자식을 유산시키지 못했다. 이윽고 시간이 흘러 산달이 되었다. 하지만 그토록 열심히 배 속의 아이를 지켜 왔던 것도 소용없이 첩은 그만 출산을 하다가 아이와 함께 죽고 말았다. 첩은 죽어 가면서 여인을 증오하며 복수를 다짐하였고 남편에게 본처의 악행을 알려 주었다. 첩의 죽음에 비통해하던 남편은 두 번의 유산이 본처의 악행 때문이라는 것을 알게되자 분노를 참지 못하고 아내를 마구 구타하였다.

온몸이 만신창이가 되도록 얻어맞은 여인은 간신히 숨만 붙어 있게 되었다. 그리고 며칠 후 첩과 아이의 장례식을 치르던 날 여인은 남편의 외면 속에서 홀로 비참하게 세상을 떠났다. 여인은 첩에 대한 원망의 마음을 품은 채 눈을 감았다.

증오와 원한을 품은 채 죽어 간 두 여인은 다음 생에 다시 만나게 되었다. 두 여인은 축생의 몸을 받게 되었는데 공교롭게도 같은 집에 태어났다. 먼저 세상을 떠난 첩은 고양이의 몸을 받았고, 나중에 세상을 떠난 여인은 암탉의 몸을 받게 되었다. 고양이로 태어난 첩은 암탉으로 태어난 여인을 단번에 알아보았다. 그 후 고양이는 암탉이 달걀을 낳을 때마다 그 앞에서 달걀을 먹어치웠고, 나중에는 암탉까지 잡아 먹었다. 고양이에게 잡아먹힌 암탉은 고통스럽게 죽어 가면서 반드시 원수를 갚겠다고 다짐하였다.

서로에 대한 증오의 마음을 품었기 때문에 암탉과 고양이는 다음 생에도 다시 만났다. 먼저 죽은 암탉은 표범의 몸을 받았고, 나중에 죽은 고양이는 암사슴의 몸을 받았다. 암탉에서 표범으로 환생한 여인은 암사슴이 새끼를 낳을 때마다 잡아먹었다. 암사슴은 눈앞에서 자신의 새끼가 표범에게 잡아먹히는 것을 세 번이나 보아야 했다. 세 차례나 암사슴의 새끼를 잡아먹은 표범은 끝내 암사슴까지 잡아먹었다. 표범에게 잡아먹히면서 원한에 사무친 암사슴은 귀신이 되었고, 나중에 죽은 표범은 여인의 몸으로 태어났다.

혼기가 찬 여인은 사왓티에 살고 있는 남자와 혼인을 하게 되었다. 첩에서 고양이로, 고양이에서 암사슴으로 윤회를 거듭하여 귀신이 된 첩은 오직 여인을 향한 복수에만 집착하게 되었다. 그래서 암탉에서 표범으로, 표범에서 여인으로 몸을 바꿔 태어난 본처가 아기를 낳을 때마다 죽였던 것이다.

귀신의 손에 아이를 두 번이나 잃은 여인은 세 번째 아이

진실로 이 세상에서
원한은 원한으로 풀 수 없는 것,
원한은 오직 용서로써만 풀 수 있나니
이것이 영원한 진리라네.

만큼은 잃지 않기 위해 도망치다가 부처님을 만나게 되었고, 두 번이나 아이를 죽인 귀신은 세 번째 아이도 죽이기 위해 여인을 쫓아왔다가 부처님을 만나게 된 것이었다. 전생의 원한에서 비롯된 여인과 귀신의 악연이 계속해서 현생까지 이어지게 되었다는 부처님의 이야기를 듣는 동안 대중들은 증오와 원한을 사는 것이 얼마나 무서운 일인지 똑똑히 알게 되었다. 여인과 귀신도 자신들의 악연이 어디에서 비롯되어 여기까지 오게 되었는지 비로소 바로 알게 되었다.

여인과 귀신 그리고 사람들의 마음에서 의혹이 모두 사라진 것을 아신 부처님께서는 원한을 풀지 않으면 윤회를 거듭하며 계속해서 악연을 이어가게 되고, 여기서 벗어나기 위해서는 서로에 대한 증오심을 완전히 버려야 한다고 말씀하셨다. 설법을 마친 부처님이 게송을 읊자 여인과 귀신은 증오와 원한을 완전히 내려놓았고, 대중들은 크게 감복하였다.

진실로 이 세상에서
원한은 원한으로 풀 수 없는 것,
원한은 오직 용서로써만 풀 수 있나니
이것이 영원한 진리라네. ❀

라자가하의 아름다운 창부
움빨라완나

부처님의 일생을 살펴보면 중요한 고비마다 어김없이 달콤한 유혹이 찾아오곤 했다.

어린 시절 처음으로 선정에 드는 기쁨을 느낀 이후에는 아름다운 여인으로 가득한 궁전에서 쾌락의 유혹에 빠졌다. 한밤중 궁전을 빠져나와 마침내 출가의 꿈을 이룬 후 육 년 동안의 고행을 마치고 목욕을 했을 때에는 우유죽을 들고 온 수자따로부터 청혼을 받기도 했다. 보리수 아래에서 이루어진 칠 일 밤낮의 용맹 정진 중에는 마왕 마라의 세 딸의 유혹을 받았고, 마침내 깨달음을 얻었을 때는 이제 그만 열반하라는 유혹을 받기도 했다.

하지만 부처님은 이 모든 유혹을 극복하셨고, 냉철한 판단과 한없는 자비의 마음으로 자신의 결정을 뚝심 있게 밀고 나갔다. 그리고 부처님의 위대한 걸음에 동참한 좋은 인연들을 만나 무명에서 벗어나 지혜로운 삶을 살아가는 방법을 평생 가르쳐 주셨다.

부처님의 제자들 또한 많은 유혹에 시달리곤 했다. 특히 신통력을 두루 갖춘 마하목갈라나 존자는 외도들에게 요주의 인물이자 경계의 대상이었다. 이때 외도의 사주를 받고 그를 유혹한 여인이 있었으니 그녀가 훗날 법에 귀의하여 아라한과를 성취한 웁빨라완나 비구니이다.

남편과 친정어머니의 불륜을 목격하다

부처님 당시 인도의 서쪽에는 아완띠Avanti라는 나라가 있었다. 아완띠 왕국의 수도는 웃제니Ujjenī였는데 그곳에 살고 있는 브라만 부부에게 딸이 하나 있었다.

이 딸은 얼굴이 너무나 아름다워 그녀를 한 번 본 사람들은 기분이 황홀해지고 뼈가 녹아내리는 것 같은 기분을 느끼곤 했다. 그녀의 이름은 '웁빨라완나Uppalavaṇṇā'로 한자로 '연화색蓮花色', 즉 연꽃처럼 아름답다는 뜻이었다.

나이가 찬 웁빨라완나는 한 남자의 지극한 청혼을 받아 결혼을 하게 되었다. 그리고 얼마 후 아이를 가졌고 열 달을 채워 어여쁜 딸을 낳았다.

그 무렵, 웁빨라완나의 아버지가 세상을 떠났다. 외동딸이었던 웁빨라완나는 남편과 의논하여 홀로 남은 친정어머니를 집으로 모셔 와 함께 살기로 했다.

산후조리를 하는 동안 웁빨라완나는 남편과 잠자리를 하지 못했다. 그러던 어느 날 웁빨라완나는 하녀로부터 충격적인 이야기를 듣게 되었다. 바로 그녀의 친정어머니와 남편이 불륜을 저지르고 있다는 사실이었다. 웁빨라완나는 충격을 받아 눈앞이 캄캄했지만 하녀의 말을 믿을 수 없었다. 결국 그녀는 젖도 떼지 않은 딸을 안고 남편에게 달려가 자신의 친정어머니와 바람을 피운 것이 사실이냐고 추궁했다. 그러자 남편은 오히려 당당하게 장모와의 관계를 인정하며 화를 냈다. 남편의 태도에 웁빨라완나는 이성을 잃었다. 그녀는 안고 있던 딸을 남편 앞에 던지듯 내려놓으며 울부짖었다.

머리에 상처를 입은 딸은 찢어지게 울음을 터트렸다. 딸의 상처를 본 웁빨라완나는 자책감과 괴로움에 통곡하였다. 하지만 남편은 그녀의 눈물에도 아랑곳하지 않았고, 가책이라고는 전혀 느끼지 않는 듯 눈 하나 깜빡하지 않은 채 대놓고 장모와 같은 방을 사용하기 시작했다. 친정어머니 역시 사위의 사랑을 빼앗기지 않기 위해 짙은 화장으로 주름을 가렸다.

두 사람은 웁빨라완나가 눈에 보이지 않는 것 같았다. 안방을 차지한 친정어머니와 남편이 쾌락을 이기지 못해 교성을 지를 때마다 웁빨라완나는 귀를 틀어막았다. 하지만 한 집에 살고 있는 한 아무리 보지 않으려 해도 볼 수밖에 없었고, 아무리 듣지 않으려 해도 들려오는 소리를 막을 도리가 없었다.

남편과 친정어머니의 불륜을 지켜볼 수밖에 없던 웁빨라완나는 지옥에서 살아가는 것처럼 고통스러웠다. 하루에 몇 번씩 목숨을 버리고 싶은 충동에 시달렸지만 젖먹이 딸이 가

여워 참고 또 참았다. 하지만 한 번 불이 붙은 남편과 친정어머니는 불륜을 멈추지 않았다. 치욕을 견디다 못한 웁빨라완나는 결국 딸의 상처가 모두 아물어 작은 흉터만 남자 집을 떠나기로 결심했다. 두고 떠날 수밖에 없는 딸이 눈에 밟히기는 했으나 더 이상 참는 것은 무리였다.

다시 찾아온 행복

　정처 없이 발길 닿는 대로 걷던 웁빨라완나는 마침내 화려한 번영의 도시 웨살리에 도착했다. 상업을 통해 얻은 부유함 덕분에 웨살리에는 활기가 넘쳤다. 좋은 옷과 값비싼 장신구로 치장을 하고 거리를 돌아다니는 사람들의 얼굴에는 웃음이 가득했다. 먼지에 찌든 채 피곤에 지친 웁빨라완나는 성벽에 기대어 행복해 보이는 사람들의 모습을 멍하니 바라보았다. 이곳이라면 자신의 과거를 아는 사람이 아무도 없을 것 같았다.

　그때 아내를 잃고 슬픔에 빠져 있던 한 남자가 외롭고 쓸쓸한 마음으로 나왔다가 슬픔에 가득 찬 얼굴을 한 채 홀로 있는 웁빨라완나를 보게 되었다. 비록 흙먼지가 가득 묻은 옷과 닳아 해진 신발은 남루했으나 그녀의 타고난 아름다움까지 가리지는 못했다. 웁빨라완나는 남자가 자신에게 다가오자 이렇게 물었다.

"이곳은 어디입니까?"

남자는 웁빨라완나의 물음에 당황하였지만 부드럽게 미소를 지으며 대답하였다.

"이곳은 웨살리입니다. 당신은 어떤 일 때문에 이곳에 오셨습니까?"

웁빨라완나는 남자의 질문에 힘없이 대답했다.

"저는 온 곳도 없고, 갈 곳도 없는 여인입니다."

웁빨라완나의 가냘프고 애처로운 모습은 남자의 마음을 사로잡았다. 그는 이미 웁빨라완나에게 첫눈에 반해 버린 것이었다. 남자는 자신이 부인과 사별했음을 말한 뒤 웁빨라완나에게 아내가 되어 달라고 청했다. 갈 곳도, 목표도 없었던 웁빨라완나는 남자의 청을 수락하였고 그의 집으로 갔다. 자포자기하는 심정으로 남자를 따라간 웁빨라완나는 그의 지극한 사랑을 받으며 차츰 웃음을 되찾았다. 남자는 사별한 부인과의 사이에 아이가 없어 두 사람은 마치 신혼부부처럼 행복하게 살았다. 게다가 웁빨라완나를 아내로 맞은 후 남자의 사업은 날로 번창하여 십수 년이 흐르자 그는 큰 부자가 되었다. 남자는 이 모든 것이 웁빨라완나를 아내로 얻은 덕분이라고 생각했다. 웁빨라완나는 두 번째 남편 덕분에 불행했던 과거를 잊고 평온하고 행복한 나날을 보냈다.

그러던 중 남자는 사업을 위해 새로운 도시로 진출하기로 결심했다. 그곳은 바로 아완띠 왕국의 웃제니였다. 웁빨라완나는 남편이 웃제니에 가겠다고 말하자 가슴이 철렁했다. 하지만 벌써 오랜 세월이 흘렀으니 설마 무슨 일이 있을까 싶어 길을 떠나는 남편을 배웅하며 절대로 자신을 배신하는 일만큼은 하지 말아 달라고 당부했다. 웁빨라완나의 당부를 사랑이라고 생각한 남편은 흐뭇함을 감추지 못했다.

남편의 마음을 훔친 진짜 도적은 누구인가

며칠 뒤, 웃제니에 도착한 남자는 바쁘게 사업을 하다 보니 예정했던 기간을 훌쩍 넘겨 버렸다. 정신없이 바쁜 시간을 보내던 남자는 문득 외로움을 느꼈다. 하루 종일 일을 하고 돌아왔을 때 맞아 주는 아내의 빈자리가 점점 크게 느껴졌다.

그러던 어느 날 웃제니에서 큰 축제가 열렸다. 이날만큼은 젊은 여자들도 강가에 나와 목욕을 하면서 즐거운 시간을 보냈다. 외로운 마음에 홀로 축제를 구경하던 남자는 그곳에서 웁빨라완나와 꼭 닮은 여인을 발견하고 깜짝 놀랐다. 숙소에 돌아온 후에도 아내를 닮은 젊은 처녀의 모습은 좀처럼 머릿속을 떠나지 않았다.

그는 웃제니로 떠나오기 전 웁빨라완나에게 절대 배신하지 않겠다고 약속했다. 그 약속을 지키기 위해 남자는 웃제니에 온 후 다른 여인들에게 눈길이나 마음을 준 적이 없었고 깨끗한 몸을 지키고 있었다. 하지만 이미 시작된 연정은 좀처럼 잦아들지 않았다. 그는 어떻게 해야 아내를 배신하지 않을 수 있을지 고민하고 또 고민했다. 그러던 중 한 가지 좋은 생각이 떠올랐다. 그것은 바로 아내를 닮은 처녀를 첩으로 맞는 것이었다. 처녀를 잠시 희롱하고 버린다면 욕망만을 채우는 것이요, 아내를 배신하는 것이지만 그녀를 정식 첩으로 맞이한다면 그것은 배신이 아니라는 결론에 이른 것이다. 긴 고민 끝에 결심을 세운 남자는 서둘러 축제가 한창인 곳으로 돌아가 웁빨라완나를 꼭 닮은 처녀에게 말했다.

"나는 웨살리에서 온 사업가입니다. 웨살리에는 아내가 있습니다. 이곳에 온 뒤 나는 한 번도 아내를 배신한 적이 없습니다. 하지만 오늘 나는 아내와 너무나도 닮은 당신을 보고 반하였습니다. 당신을 첩으로 맞고 싶습니다."

남자의 눈에 담긴 진심을 읽은 처녀는 대답했다.

"제 이름은 치타Citta입니다. 어머니는 제가 어렸을 때 집을 떠났고, 아버지와 할머니는 저를 버렸습니다. 그 후로 지금까지 줄곧 남의 집에서 하녀로 지내고 있습니다."

치타의 가련한 사정을 들은 남자는 측은한 마음에 애정이 더욱 솟구쳤다. 남자는 치타의 주인을 찾아가 그녀의 몸값을 지불한 뒤 첩으로 맞았다. 치타의 몸값을 내기 위해 웃제니에서 벌었던 수만 냥을 지출해야 했으나 그는 조금도 아깝지 않았다.

남자는 아예 웃제니에 집을 마련하여 치타와 함께 지냈다. 함께 지내다 보니 치타는 웁빨라완나와 닮은 점이 생각보다 더 많았다. 결국 그는 점점 치타에게 푹 빠져들었다. 하지만 첩을 향한 마음이 깊어질수록 아내에 대한 미안함과 애정 역시 깊어져 갔다.

시간이 흘러 웨살리로 돌아가야 하는 날이 되었다. 치타와 함께 보낸 시간은 꿈처럼 황홀했지만 아내가 기다리는 집에 첩을 데리고 가려니 도저히 발이 떨어지지 않았다. 그는 결국 홀로 돌아갔다.

집에 도착한 남자는 웁빨라완나에게 웃제니에서 큰 도적을 만나 돈을 모두 잃어버렸다고 거짓말을 했다. 첩의 몸값을 지불하고 그곳에 집을 사기 위해 돈을 다 썼다고 할 수는 없었기 때문이다. 웁빨라완나는 무사히 목숨을 건져 돌아온 것만으로도 천만다행이라며 남편을 위로했다. 남자는 웁빨라완나의 품에서 평온한 나날을 보냈다. 하지만 며칠이 지나자 웃제니에 두고 온 치타가 생각나 견딜 수 없었다. 그는 다시 부랴부랴 돈을 마련해 웃제니로 떠나며 웁빨라완나에게 핑계를 댔다.

"아무래도 지난번 나의 돈을 모두 빼앗아 간 도적을 반드시 찾아서 돈을 되찾아야겠소."

웁빨라완나가 바라는 것은 돈을 되찾는 것이 아니라 남편의 무사함뿐이었지만 그녀는 떠나는 남편을 지켜볼 수밖에 없었다.

그가 웃제니로 떠난 지 며칠 뒤, 한 친구가 웁빨라완나를 찾아와서는 남편이 어디를 갔는지 아느냐고 물었다. 그녀는 들은 대로 남편이 도적을 찾으러 갔다고 대답했다. 그러자 친구는 알쏭달쏭한 표정으로 미소를 지은 채 말했다.

"도적에게 빼앗긴 것이 남편의 돈이 아니라 마음인 것을 아직 모르시는구려."

그 말에 웁빨라완나는 정신이 번쩍 들었다. 그녀는 당장 남편이 장사를 하러 갈 때마다 따라다녔던 하인을 불러 무슨 일이 있었는지 물었다. 웁빨라완나의 엄한 모습을 처음 본 하인은 깜짝 놀라 주인어른이 웃제니에서 젊은 여인을 첩으로 들였다고 이야기했다. 마침내 자초지종을 알게 된 웁빨라완나는 어떻게 해야 할지 곰곰이 생각했다.

반복되는 운명에 통곡하며 집을 떠나다

몇 달 후 웁빨라완나의 남편은 다시 웨살리로 돌아왔다. 아무렇지 않은 얼굴로 남편을 맞은 웁빨라완나는 그의 눈을 그윽하게 바라보며 다정한 목소리로 말했다.

"그런데 여보, 왜 거짓말을 하셨나요? 여자가 생겼으면 집으로 데려오셨으면 되었을 텐데요."

남편은 깜짝 놀랐으나 이미 웁빨라완나가 모든 것을 알고 있다는 것을 깨달았다. 그는 미안한 표정으로 순순히 입을 열었다.

"여인이 가장 참기 힘든 것이 질투라고 하였는데, 혹시라도 첩과 한집에서 살게 되면 시끄러워질까 걱정이 되어 그랬소."

웁빨라완나는 자신과 함께 살아온 평온하고 행복한 일상이 깨지는 것을 원치 않았다는 남편의 말에 도리어 안심이 되었다. 커다란 흠이 있는 자신을 진정한 본부인으로 생각해 주는 남편에게 고마움을 느낀 그녀는 미소를 지으며 말했다.

"저는 괜찮습니다. 당신이 사랑하는 여인이니 멀리 두지 마시고 집으로 데려오세요. 만약 그녀가 저와 비슷한 나이라면 자매처럼 지내고, 나이가 어리다면 딸처럼 대해 주겠습니다."

웁빨라완나의 말에 남편의 얼굴에는 화색이 돌았다. 첩을 들인 것을 알고도 바다보다 넓고 비단보다 고운 마음으로 이해해 주는 아내를 어디서 또 만날 수 있단 말인가! 웁빨라완나의 남편은 웃제니에 차린 살림을 정리한 후 치타를 데리고 웨살리로 돌아왔다.

마침내 처음으로 치타를 만난 웁빨라완나는 자신의 젊은 시절을 쏙 빼닮은 그녀를 보고 깜짝 놀랐다. 남편의 마음을 빼앗은 치타는 과연 싱그러운 아름다움을 지니고 있었다. 하지만 질투가 느껴지기는커녕 오히려 사랑스러운 마음이 솟구쳤다.

그날 이후 세 사람은 누가 뭐라 하든 사이좋게 한집에서 함께 살았다. 자매처럼 닮은 아름다운 두 아내와 함께 사는 남편의 얼굴에서는 웃음이 떠나지 않았다. 가족도 없이 오갈 데 없는 신세였던 치타는 자신을 사랑으로 받아 준 웁빨라완나를 어머니처럼 존경하며 따랐다.

남편이 집을 비운 어느 날이었다. 치타가 목욕을 마치고 나오자 웁빨라완나는 손수 그녀의 머리를 빗질해 주었다. 그러던 중 치타의 머리에서 흉터를 발견하고는 깜짝 놀라 물었다.

"머리에 웬 흉터가 있느냐? 어쩌다가 이런 흉터가 생겼느냐?"

"자세히는 알 수 없으나, 제가 젖먹이였을 때 부모님이 말다툼을 하다가 어머니가 저를 아버지에게 던지는 바람에 머리가 터졌다고 합니다."

치타의 말에 움빨라완나는 가슴이 철렁했다. 남편과 친정어머니의 불륜을 알고 난 후 괴로움을 견딜 수 없어 집을 뛰쳐나왔을 때 두고 온 어린 딸이 생각난 것이다. 움빨라완나는 떨리는 마음을 숨긴 채 치타에게 부모가 누구이며, 어디서 왔는지, 어떻게 자랐는지 차근차근 물었다. 그리고 가장 두려워했던 진실과 맞닥뜨렸다. 그것은 바로 치타가 자신이 웃제니에 놓고 온 친딸이라는 사실이다.

누구의 잘못도 아니었고, 일부러 그런 것도 아니었다. 하지만 이번에는 친딸과 함께 한 남자를 남편으로 삼아야 하는 운명의 장난에 움빨라완나의 정신은 무너졌다. 치타가 자신의 딸이라는 것을 알게 된 움빨라완나는 손에 들고 있던 빗을 떨어뜨린 채 미친 사람처럼 밖으로 뛰쳐나갔다.

"머리에 웬 흉터가 있느냐?
어쩌다가 이런 흉터가 생겼느냐?"
　　"자세히는 알 수 없으나,
　　제가 젖먹이였을 때 부모님이 말다툼을 하다가
　　어머니가 저를 아버지에게 던지는 바람에
　　머리가 터졌다고 합니다."

가혹한 운명의 장난

　반복되는 가혹한 운명 앞에서 웁빨라완나는 세상을 살아갈 희망과 용기를 잃었다. 그녀는 이 질기고 고통스러운 운명을 자신의 손으로 끝내기로 결심했다. 그리고 아무도 모르게 깊은 숲속으로 들어가 스스로 나무에 목을 매달았다. 차라리 세상에서 사라진다면 더 이상 고통도 없을 것 같았다.

　하지만 목숨을 끊는 것조차 뜻대로 되지 않았다. 반쯤 정신이 나간 모습으로 숲을 헤매는 웁빨라완나를 지켜보던 나무꾼이 그녀를 구해 준 것이다. 간신히 정신을 차린 웁빨라완나는 무슨 일로 목숨을 버리려 하느냐는 순박한 나무꾼의 말에 그만 눈물을 쏟고 말았다. 한참을 통곡한 그녀는 나무꾼에게 자신이 죽어야 하는 이유를 말해 주었다. 모르는 사람이었지만 비밀을 이야기하고 나니 마음이 후련해졌다.

　이를 계기로 웁빨라완나는 나무꾼과 세 번째로 부부의 연을 맺게 되었다. 나무꾼은 찢어지게 가난한 형편에 어린 아들까지 있는 홀아비였지만 웁빨라완나는 아무 불평 없이 모든 것을 받아들였다.

　그녀는 자신의 목숨을 구해 주고, 자신의 아픔을 이해해 준 나무꾼에게 감사하는 마음으로 살림을 꾸렸다. 또한 두 번이나 버릴 수밖에 없었던 친딸에게 속죄하는 마음으로 나무꾼의 아들을 친자식처럼 길렀다.

웁빨라완나와 나무꾼이 서로를 아끼고 사랑하다 보니 곤궁했던 살림은 점차 나아졌고, 아들 역시 훌륭하게 성장했다. 그 결과 아들이 성년이 될 무렵 웁빨라완나와 나무꾼은 마을에서 손꼽히는 부자가 되었다.

이윽고 아들이 결혼할 나이가 되자 제법 부자가 된 나무꾼은 아들에게 어울리는 예쁘고 참한 처녀를 구하기 위해 여러 마을을 두루 돌아다녔다. 그러던 중 웨살리에서 아내 웁빨라완나를 쏙 빼닮은 어여쁜 처녀를 발견하게 되었다. 기쁜 마음으로 혼담을 넣자 처녀의 아버지는 엄청난 지참금을 요구하였다. 나무꾼은 깜짝 놀랐지만 아무리 찾아보아도 아내를 닮은 처녀보다 고운 여자를 며느릿감으로 구할 자신이 없었다. 결국 그는 웨살리의 처녀를 아들의 배필로 삼기로 결심하고 그녀의 아버지가 요구한 지참금을 주겠다고 수락한 뒤 집으로 돌아왔다.

집으로 돌아온 남편에게 웁빨라완나가 마음에 드는 며느릿감을 찾았는지 묻자 그는 신이 나서 대답했다.

"당신처럼 아름다운 여인을 아들의 신부로 구해 주기 위해 사방을 돌아다닌 끝에 결국 웨살리에서 참하고 고운 처녀를 찾았소. 그 처녀의 어머니는 당신과 꼭 닮았고, 처녀는 자기 어머니를 꼭 닮은 것이 마치 당신의 젊은 시절을 보는 것 같았소. 당신도 보면 꼭 딸 같은 며느리라고 생각할 것이요."

남편의 말을 들은 웁빨라완나의 가슴이 심하게 요동쳤다. 웨살리라면 남편의 첩이 되어 만난 친딸 치타를 또다시 버리고 나온 곳 아니던가! 처녀뿐 아니라 처녀의 어머니까지 자신을 꼭 닮았다면 남편이 구한 며느릿감은 자신의 손녀일지도 모른다는 생각이 들었다. 웁빨라완나는 설마 하는 마음으로 떨리는 가슴을 가라앉히며 차분히 아들의 결혼식을 준비했다.

마침내 아들의 결혼식이 열리는 날, 신부를 태운 가마가 거리에 모습을 드러냈다. 가슴을 졸이며 멀리서 행렬을 지켜보던 웁빨라완나의 얼굴은 창백해졌다. 가마를 뒤따르고 있는 신부의 아버지는 웨살리에서 만난 자신의 두 번째 남편이었고, 신부의 어머니는 친딸 치타였다. 전 남편과 친딸을 사돈으로, 친손녀를 며느리로 맞아야 하는 입장이 된 것이다. 웁빨라완나는 결국 남편과 아들이 신부가 오는 것을 보고 마중을 나간 사이에 또다시 도망쳤다.

라자가하에 나타난 아름다운 창녀

정신이 나간 상태로 길을 헤매던 웁빨라완나는 마가다국의 수도 라자가하까지 오게 되었다. 피곤에 지친 그녀는 근처 숲으로 가서 쓰러지듯 잠이 들었다. 한참 잠을 자던 중 이상한 기분이 들어 눈을 뜨자 웬 남자가 옆에 앉아 음흉한 표정을 짓고 있었다. 그가 자신을 원한다는 것을 안 웁빨라완나는 아무런 저항 없이 그의 요구를 받아들였다. 그녀에게는 이제 더 이상 지켜야 할 것이 아무것도 없었다.

그날 이후 웁빨라완나에 대한 소문은 순식간에 라자가하에 퍼졌다. 본디 아름다운 외모를 타고났던 웁빨라완나는 그렇게 아무런 죄책감도, 희망도 없이 그저 하루하루 몸을 팔아 살아가는 창녀가 되었다.

그 무렵 라자가하에서는 빔비사라 왕으로부터 죽림정사를 기증받은 사카족 출신의 젊은 성자, 부처님의 명성이 서서히 알려지고 있었다. 불을 섬기는 브라만 깟사빠 삼형제와 그들을 따르던 천 명의 제자들을 단숨에 자신의 제자로 만들고, 존경받는 산자야가 애지중지하던 두 제자 사리뿟따와 마하목갈라나가 부처님을 찾아가 제자가 되었기 때문이었다. 그중에서도 자유자재한 신통력으로 대중들을 순식간에 사로잡아 불법으로 이끈 마하목갈라나는 외도들에게 있어 집중 공격의 대상이었다.

아름다운 창부 웁빨라완나에 대한 소문을 들은 외도들이 그녀를 찾아와 많은 양의 금을 주며, 목갈라나 존자를 유혹해 그의 명성을 땅에 떨어뜨려 달라고 청했다. 외도들에게는 부처님의 제자인 그가 창녀와 놀아난다면 교단의 명성 역시 추락하게 될 것이라는 계산이 있었다. 거칠 것이 없었던 웁빨라완나는 외도들이 꺼내 놓은 금을 확인한 후 기꺼이 청을 수락하였다.

아름다운 얼굴 덕분에 가혹한 운명 속에서도 세 명의 남편을 만났던 웁빨라완나는 모든 것을 버리고 몸을 팔게 된 후에도 자신을 원하는 남자들로 인해 창녀로서의 명성이 높았다. 그런 그녀였기에 아름다움을 무기로 남자를 유혹하여 다루는 데에는 자신이 있었다.

홀로 있는 목갈라나 존자를 발견한 웁빨라완나는 매혹적인 미소를 지으며 그에게 다가갔다. 존자는 대놓고 교태를 부리는 웁빨라완나를 담담한 눈으로 바라보았다. 그는 신통력을 이용해 웁빨라완나가 겪어 온 과거의 일들을 보았고, 지금 왜 그녀가 자신을 유혹하는지를 알았다. 웁빨라완나의 고통을 본 목갈라나는 연민 어린 눈으로 그녀를 바라보며 말했다.

"여인이여, 호화롭던 임금의 수레도 세월이 흘러 낡게 되면 속절없이 부서지듯 우리 몸도 늙으면 형체가 썩는다. 그대가 자랑하는 아름다운 육신 역시 피고름으로 가득 차 있고, 숨이 멎으면 아홉 구멍에서 썩은 물이 쏟아질 것이다. 이런 어둠 속에 살면서 어찌하여 밝은 등불을 찾지 않고 있는가."

그의 부드러운 말은 웁빨라완나의 마음을 아프게 때렸다. 강철에 부딪힌 것처럼 비로소 정신이 번쩍 든 웁빨라완나는 즉시 마하목갈라나에게 예배를 하며 더 많은 가르침을 달라고 청했다. 존자는 그녀를 부처님이 계신 죽림정사로 데리고 갔다.

기구한 운명을 타고난
웁빨라완나와 부처님의 만남

자비로운 얼굴로 앉아 계신 부처님을 뵌 순간 웁빨라완나는 자신도 모르게 쉴 새 없이 눈물을 흘렸다. 그녀는 출가하고 싶었지만 자신처럼 더러운 여자를 제자로 받았을 경우 부처님께 누가 되지는 않을까 두려워 차마 입을 열지 못했다. 하지만 웁빨라완나의 마음을 알아차린 부처님은 양모이자

이모이신 마하빠자빠띠 비구니를 불러 웁빨라완나를 제자로 받을 것을 명했다. 웁빨라완나는 부처님의 한없는 자비에 감동하며 삭발을 했다.

출가사문이 된 웁빨라완나는 이제까지의 번뇌와 마음의 짐을 모두 내려놓았고 누구보다 열심히 용맹 정진하며 빠른 성취를 이루었다. 누구보다 겸손하였고 자신의 과거를 감추지 않았던 그녀는 수행을 하던 중 이런 시를 짓기도 했다.

나는 어머니와 함께 같은 사람을 남편으로 삼았다.
아, 그것을 알았을 때의 놀라움, 소름끼치는 끔찍함이여,
어머니와 딸이 같은 사람을 공유하다니,
저주받은 운명이여, 더러운 숙명이여!

하지만 아무리 열심히 정진을 해도 마음을 짓누르는 고민을 떨칠 수가 없었다. 그것은 바로 자신에게 주어진 너무나도 가혹한 운명이 원인이었다. 정진이 깊어질수록 웁빨라완나는 출가 전 기구했던 삶의 이유를 알고 싶어 번민했다. 결국 스스로 해답을 찾지 못한 웁빨라완나는 어느 날 부처님 앞으로 나아가 눈물을 쏟으며 물었다.

"부처님, 저는 무슨 인연으로 제 어머니와 딸에게 남편을 빼앗기고, 또 여러 남자들을 상대하는 창녀가 되었다가, 오늘

이렇게 불법을 만나 출가를 하게 되었습니까?"

이는 그녀가 출가한 이후에도 줄곧 품어 왔던 의문이었다. 웁빨라완나의 마음을 읽은 부처님은 조용한 얼굴로 그녀의 전생에 대해 말해 주었다.

옛날 가섭 부처님 당시 부유한 장자가 있었다. 마음씨도 곱고 성품도 착했던 그는 무엇보다 뛰어나게 아름다운 외모를 지니고 있었다. 덕분에 그는 별다른 노력 없이도 여인들의 구애를 끊임없이 받았고 이를 당연하게 생각하며 욕망과 쾌락에 충실했다. 결국 여인에 취한 그는 아내를 배반하고 홀로된 장모와 정을 통했다. 그리고 아내가 이 사실을 알게 되자 두 여인을 모두 버리고 나와 많은 여성들을 농락하며 지냈다. 여인들에게 몸과 마음을 빼앗는 것을 업으로 삼고 그녀들이 주는 돈으로 한가롭게 살아가던 그는 결국 돈이 모두 떨어지자 여인들을 전문적으로 유혹하는 남자 기생이 되었다.

그러던 어느 날, 그는 여인들을 유혹하기 위해 몸단장을 곱게 하고 여인들이 많이 모인 산으로 갔다. 산에는 꽃놀이를 즐기러 온 여인들이 구름처럼 많았다. 그곳에서 그는 삭발한 머리에 가사만 걸친 한 사문을 만나게 되었다. 가진 것은 아무것도 없었지만 사문의 얼굴은 환하게 빛났다. 이에 자신도 모르게 끌린 남자 기생은 사문 앞에 무릎을 꿇고 가르침을 청했다. 그리고 사문의 법문 한 구절을 듣고 마침내 작은 깨달음을 얻어 그 자리에서 서원을 세웠다.

"다음 생에 나는 반드시 부처님을 만나 남녀의 애욕과 갈애渴愛*에서 벗어나 해탈하기를 바라나이다."

그 남자 기생이 바로 웁빨라완나의 전생이었다. 서원에 따라 부처님을 만나게 되었지만, 여러 여인들을 농락했던 업장이 무거워 과보를 받게 된 것이었다.

부처님의 말씀을 들은 웁빨라완나는 더 이상 자신의 인생을 비관하거나 원망하지 않게 되었고, 스스로를 괴롭혀 왔던 집착과 고통에서 마침내 벗어나게 되었다. 자신의 전생을 알게 된 웁빨라완나는 인과와 연기에 대한 끊임없는 사색과 정진으로 마침내 아라한과를 얻게 되었고 이를 게송으로 남겼다.

나는 진정 마음을 정복하였다.
나는 여섯 가지 신통력을 체득했다.
창날 같고 칼날 같은 운명에서 벗어나
부처님의 가르침을 실현하였다.

---

* 번뇌에 얽매인 사람이 오욕(五慾)에 집착함을 의미한다. 이 오욕은 색욕, 재물욕, 음식욕, 명예욕, 수면욕을 말한다.

쾌락의 즐거움은 모두 무너지고
무명의 암흑 덩어리는 산산이 부서졌다.
마라여, 이와 같이 알아라.
그대는 나에게서 완전히 패배하여 소멸되었다.

웁빨라완나와 수부띠 존자

사실 웁빨라완나 비구니는 지독한 운명만큼이나 신통력이 뛰어나고 부처님의 '공空 사상*'을 가장 잘 이해하는 뛰어난 제자로도 유명하다. 이에 대한 한 가지 일화가 있다.

어느 날 부처님은 생모 마야 부인의 은혜를 갚기 위해 도리천이 있는 천상 세계로 설법을 하러 가신 적이 있었다. 부처님을 낳은 지 일주일 만에 세상을 떠난 마야 부인은 부처가 될 아들을 낳은 공덕으로 천상 세계인 도리천에 천녀로 환생하였다. 마야 부인의 은혜를 갚고자 도리천으로 간 부처님은 지상의 날짜로 구십 일이 넘게 돌아오지 않았다.

부처님이 지상에서 모습을 감추자 많은 사람들은 부처님

---

* 인간을 포함한 일체 만물에 고정 불변하는 실체가 없다는 불교의 사상.

의 모습과 음성을 보고 듣지 못하는 것을 안타까워하며 그리워했다. 이에 제자 아누룻다Anuruddha가 천안통으로 부처님이 도리천에 계신 것을 확인하자 대중들의 간곡한 부탁을 이기지 못한 목갈라나가 신족통神足通*을 이용해 천상 세계의 도리천을 찾아갔다. 도리천에서 목갈라나를 만난 부처님은 설법을 마친 후 지상으로 돌아갈 것을 약속하였고, 부처님의 약속을 받은 목갈라나는 다시 지상으로 돌아왔다. 그리고 시간이 흘러 마침내 부처님이 돌아오기로 약속한 날이 되었다.

이때 웁빨라완나는 가장 먼저 부처님을 뵙고 싶은 마음에 신통력을 사용하여 전륜성왕으로 모습을 바꿔 천 명의 천자들을 이끌고 부처님을 마중 나갔다. 사람들은 전륜성왕과 천자들의 위엄 넘치는 모습을 보고 스스로 길을 비켰다.

같은 시각 설산에서 수행을 하던 수부띠Subhūti 존자는 부처님을 마중하러 나가려다가 부처님의 몸을 마중하는 것과 부처님의 법을 마중하는 것이 다르지 않음을 깨닫고 분주한 마중 행렬에 참여하지 않은 채 선정에 들었다.

한편 전륜성왕의 모습으로 가장 먼저 부처님과 만난 웁빨라완나는 본래의 모습을 드러내며 부처님께 인사를 올렸다.

---

* 육통의 하나로 크고 작은 몸을 마음대로 나타내며, 자기의 생각대로 날아다니는 신통력.

그러자 부처님은 빙그레 웃으며 말씀하셨다.

"웁빨라완나야, 너는 대중의 순서를 어기고 제일 먼저 나를 보았지만, 나의 육신만 보았지 나의 법신法身은 보지 못했느니라. 하지만 나의 제자 수부띠는 산중 바위 아래 선정에 든 상태로 한 걸음도 옮기지 아니하고도 오히려 나의 법신을 가장 먼저 마중 나왔느니라."

이날 이후 수부띠는 부처님이 인정하신 해공제일解空第一•의 제자로 명성을 떨치게 되었다.

그 후 수부띠는 모든 것은 정해진 실체가 없다는 부처님의 '공'사상을 제대로 이해하지 못하는 제자들을 위해 몸소 부처님께 법문을 청하게 된다.

어느 날 부처님이 일곱 집을 돌며 걸식을 하고 사원으로 돌아와 공양을 마친 후 발을 씻고 자리에 조용히 앉아 계셨다. 그러자 이때를 기다렸던 수부띠는 자리에서 일어나 부처님을 향해 합장 예배를 한 후 부처님께 법문을 청한다. 이 법문이 바로 『금강경』이다.

• 　'공(空)'의 이치에 매우 밝음을 의미한다. 부처님의 제자 중 '십대제자'라 일컬어지는 열 명의 제자는 각자 최고의 경지에 이른 능력이 있는데, 이들 능력은 열 제자를 각각 수식하는 표현으로 지금까지 전해진다. 정리하면 다음과 같다. 지혜제일 사리뿟따, 신통제일 마하목갈라나, 두타제일 마하깟사빠, 해공제일 수부띠, 설법제일 부루나, 논의제일 깟짜나, 천안제일 아누룻따, 지계제일 우빨리, 다문제일 아난다, 밀행제일 라훌라.

웁빨라완나의 죽음

아라한과와 신통력을 성취한 후에도 웁빨라완나는 부처님과 스님들을 깍듯하게 존경했다. 흉년과 기근이 들어 자신이 탁발한 음식을 비구 스님께 공양 올리다가 쓰러지기도 하였다.

교단을 위해 희생을 아끼지 않았던 웁빨라완나의 최후는 목갈라나 존자의 순교*만큼 거룩했다.

웁빨라완나는 외도가 아닌 부처님을 해치고 교단을 차지하고자 했던 반역자 데와닷따의 손에 세상을 떠났다. 부처님이 지나가시는 길에 바위를 떨어뜨리고, 술 취한 코끼리를 풀어놓기도 했던 데와닷따는 부처님이 매번 무사하시자 약이 바짝 올랐다. 결국 그는 부처님의 몸에 직접 상처를 내기 위해 손톱에 독약을 바른 후 사원으로 향했다. 부처님께 가는 그를 본 웁빨라완나는 길을 막은 채 악행을 멈추라고 말했다. 이에 화가 머리끝까지 난 데와닷따는 웁빨라완나에

* 신통력이 뛰어났던 목갈라나 존자는 외도들의 손에 맞아서 죽었다. 정해진 운명을 거스를 수 없다는 것을 깨달은 존자는 신통력을 사용하지 않은 채 전생의 업보를 모두 치러 낸 후 아무런 원망의 마음도 없는 열반에 들었다. 목갈라나 존자의 죽음은 교단 최초의 순교였다.

게 주먹을 휘둘렀고, 이 주먹을 고스란히 맞은 웁빨라완나는 그 자리에서 숨이 끊어졌다. 웁빨라완나다운 고귀한 죽음이었다.

드라마보다 더 드라마틱한 운명을 타고났으나 스스로 극복해 아라한과를 성취하고 고귀한 죽음을 맞은 웁빨라완나 비구니의 이야기는 많은 사람들에게 감동을 주고 있다. ✿

아버지를 아우라고 부른
수마나

수닷따 장자는 위없는 보시를 실천하여 부처님의 가르침이 널리 퍼질 수 있도록 한 인물이다. 꼬살라 왕국 제일가는 부자였던 그는 자신의 재산을 아낌없이 사용하여 부처님과 스님들이 머물 사원을 지었는데 이것이 바로 기원정사이다.

수닷따 장자의 간절한 청을 받고 스님들과 함께 꼬살라 왕국으로 오신 부처님은 기원정사에서 경전의 절반 이상을 설하셨고, 이후 기원정사는 불법과 포교의 상징이 되었다. 수닷따 장자는 실로 위대한 보시를 실천한 것이었다.

보시에 있어서 그와 견주어도 손색이 없는 또 다른 인물이 바로 위사카이다. 꼬살라국의 부유한 가문으로 시집을 간 위사카는 기원정사 동쪽에 대규모 법회를 열 수 있는 강당을 지어 보시하였는데, 이 강당은 동원정사 또는 녹자모 강당이라고 불렸다.

두 사람은 이후에도 계속해서 교단을 위해 보시를 하였는데 시간이 흐르면서 규모는 물론 내용 면에서도 점차 인도 최대 규모를 자랑하는 자선 봉사로 자리매김하게 되었다.

보시 문화를 이끈 수닷따 장자와 위사카

수닷따 장자는 부처님께서 꼬살라 왕국으로 오신 후 날마다 이천 명이 넘는 스님들께 공양을 올렸다. 출가한 지 얼마 되지 않아 탁발에 익숙하지 않거나 몸이 좋지 않은 스님들이 행여 공양을 거르는 일이 없도록 하기 위해서였다.

위사카는 부처님 앞에서 다섯 가지 보시를 하겠다고 서원하였는데 이를 평생 지켰다. 위사카가 서원한 다섯 가지 보시는 몸이 아픈 스님들을 위해 부드러운 공양을, 아픈 스님을 간호해야 하는 스님들께는 힘이 나는 공양을, 멀리서 오느라 지친 스님들께는 죽 공양을, 비구 스님들께는 비옷을, 비구니 스님들께는 목욕 후에 입는 옷을 바치겠다는 것이었다.

누가 시키거나 강요한 것은 아니었지만 이런 보시행이 하루도 빠짐없이 수십 년 동안 계속되면서 수닷따 장자와 위사카는 자연스럽게 보시 문화를 이끄는 리더가 되었다. 그리하여 누구라도 부처님과 스님들께 공양을 하거나 보시를 하고자 마음을 낸 사람들은 가장 먼저 이 두 사람을 찾아가 상담을 하였다. 공양과 보시에 대한 경험이 가장 풍부했을 뿐 아니라 부처님과 스님들의 식성과 기호 그리고 교단에 필요한 것이 무엇인지를 가장 잘 알고 있었기 때문이다. 수닷따 장자와 위사카는 보시와 공양에 대한 모든 문의에 대하여 기꺼이 응하며 도움을 주었다. 일종의 재능 기부까지 한 셈이다.

하지만 시간의 흐름을 막을 수 없었고 수닷따 장자와 위사카도 어느새 늙어 갔다. 기력이 점점 약해지자 수닷따 장자와 위사카는 자신을 대신하여 이제껏 진행해 온 공양과 보시를 계속 이어나갈 후계자를 물색하였다. 위사카는 손녀에게 자신이 해 오던 일을 맡겼다. 다행히 할머니를 닮은 손녀는 기대에 부응하였고, 다섯 종류의 보시를 빈틈없이 이어나갔다. 적합한 후계자를 찾은 위사카는 더 바랄 것이 없었다. 한편 수닷따 장자도 후계자가 필요했다.

수닷따 장자와 그의 세 딸들

수닷따 장자에게는 딸이 세 명 있었다. 장자는 먼저 첫째 딸에게 스님들께 공양을 바치는 일을 맡겼다. 첫째 딸과 둘째 딸의 이름은 '수밧다Subhaddā'였는데 큰딸은 '큰 수밧다'라는 뜻의 '마하수밧다Mahā-Subhaddā'라고 불렸다. 이천 명분이 넘는 식사를 날마다 준비하고 또 나누어주는 것은 쉬운 일이 아니었다. 하지만 큰딸은 아버지에게 꼼꼼하게 일을 배웠고,

이내 수닷따 장자의 도움 없이 스님들께 공양을 올릴 수 있게
되었다.

공양을 받으면 법문을 해야 하는 것은 교단의 가장 중요
한 규칙이었다. 공양을 마친 스님들은 마하수밧다에게 법문
을 늘 들려주었고, 그녀는 얼마 후 수다원과를 성취하게 되
었다. 보시의 공덕을 쌓은 마하수밧다는 좋은 남편을 만나 혼
인 후 시댁으로 가서 살게 되었다.

마하수밧다가 혼인을 하자 자연스럽게 둘째 딸이 언니의
일을 이어서 했다. 둘째 딸은 '작은 수밧다'라는 뜻의 '쭐라수
밧다 Cūla-Subhaddā'라고 불렸다. 스님들께 정성껏 공양을 올리
고 법문을 듣게 된 쭐라수밧다는 언니와 마찬가지로 수다원
과를 성취하였고, 얼마 후 좋은 가문에서 청혼을 받았다. 혼
례식을 치른 쭐라수밧다는 시댁으로 떠났다.

마하수밧다와 쭐라수밧다가 훌륭한 가문의 남자와 혼인하
는 것을 보면서 사람들은 공덕을 쌓으면 복을 받게 된다는 것
을 더욱 믿게 되었다. 두 언니들이 차례대로 혼인을 하여 친
정을 떠나자 이제 막내딸이 스님들께 공양 올리는 일을 맡게
되었다.

막내딸의 이름은 '수마나Sumanā'였다. 수마나는 세 딸들
중 가장 어렸지만 언니들보다 일을 훨씬 잘해냈다. 야무진 운
영 솜씨에 섬세함까지 갖춘 수마나를 보면서 수닷따 장자는

흐뭇하였고, 그녀에게 공양을 대접받은 스님들 중 단 한 사람도 불만을 이야기하지 않았다. 그만큼 수마나가 스님들의 기호를 잘 파악하고 있었고, 날씨와 계절 그리고 교단의 크고 작은 행사에 맞춰 그에 어울리는 공양을 올렸기 때문이다. 이는 결코 쉬운 일이 아니었다. 또한 수마나는 법문을 듣는 일에도 가장 열심이었다. 공양 보시를 시작한 지 얼마 후 그녀는 사다함과를 성취하였는데 이는 아버지 수닷따 장자와 두 언니들이 성취한 수다원과보다 크고 높은 경지였다.

청혼을 받지 못해 몸과 마음에 병을 얻은 수마나

수마나는 수닷따 장자의 세 딸들 중 스님들께 공양을 대접하는 일을 가장 오랫동안 하였고 가장 잘해냈다. 매일 같이 수많은 스님들께 공양을 올리는 솜씨만 보아도 그녀가 얼마나 부지런하고 깔끔하며 세심한 마음씨를 지녔는지 알 수 있었다. 또한 그녀는 아름다운 외모를 지녔고, 꼬살라 왕국 최고의 부자인 수닷따 장자의 딸이었으니 누가 보아도 일등 신붓감이었다. 사람들은 수마나도 언니들처럼 좋은 집안으로 시집을 가게 될 것이라고 생각하였고, 그녀를 볼 때마다 부러움 섞인 덕담을 건네곤 했다. 수마나 스스로도 은근히 기대를 하고 있었다.

어느덧 시간이 흘러 수마나도 혼기가 꽉 찬 나이가 되었다. 그런데 어느 집안에서도, 어느 가문에서도 청혼이 들어오지 않았다. 사람들은 이상한 일이라며 고개를 갸웃거렸다. 하지만 수마나는 자신의 복덕이 부족하기 때문이라고 생각할 뿐 조금도 의심하거나 원망하는 마음을 품지 않은 채 더욱 열심히 공양을 올렸고, 수행도 게을리하지 않았다. 하지만 혼기가 지나도록 여전히 남편감은 나타나지 않았다.

언제나 밝고 생기가 넘쳤던 수마나의 얼굴에서는 점차 미소가 사라졌다. 과년한 처녀가 혼기가 지나도록 남편이 없다는 것은 당시엔 커다란 흉이었다. 실의에 빠져 수척해져 가는 딸을 보다 못해 수닷따 장자가 직접 나서서 사윗감을 알아보기도 하여 여기저기 부탁까지 하였으나 아무도 그녀를 원하는 곳이 없었다.

애써 마련한 중매가 알 수 없는 이유로 어긋날 때마다, 사람들이 위로하듯 덕담을 해 줄 때마다, 수마나의 마음에는 하나씩 하나씩 상처가 쌓여 갔다.

혼인을 하지 못한 것에 대한 부담을 견디다 못한 수마나는 결국 병이 들고 말았다. 수마나는 점차 사람들을 만나는 것도 싫어하게 되었고, 음식조차 제대로 먹지 않았다. 그녀는 점점 쇠약해져 갔지만 그 어떤 의사도 치료할 수 없는 병이었다. 결국 스님들께 공양을 대접하는 일은 수닷따 장자가 다시 맡게 되었다. 한동안 딸들이 맡아서 했던 일을 다시 하려니 이제는 나이가 들어 힘에 부쳤다. 게다가 수마나에 대한 걱정으로 인해 매일매일 공양을 준비하면서도 수닷따 장자의 마음은 무거웠다.

그러던 어느 날 수마나가 아버지를 찾았다. 주방에서 공양을 준비하던 수닷따 장자는 하녀에게서 수마나가 자신을 찾는다는 이야기를 듣자 즉시 달려갔다.

수마나의 죽음과 수닷따 장자의 슬픔

식음을 전폐한 지 오래된지라 수마나는 거동조차 어려워 줄곧 침대에 누워 지내고 있었다. 몇 달 사이 앙상하게 말라버린 딸의 모습에 수닷따 장자는 가슴이 철렁했다.

"나의 귀여운 막내딸 수마나야, 아버지가 왔다. 무슨 일이냐?"

장자의 목소리를 들은 수마나는 감고 있던 눈을 천천히 떴다. 부녀의 눈이 허공에서 마주쳤다. 그때였다. 수마나가

"아니. 그대는 나의 아우님이야.
그리고 난 지금 전혀 두렵지 않아.
그대가 나의 아우라는 것은 분명히 사실이기 때문이야."

입을 달싹거리며 말했다.

"지금 내게 뭐라고 말을 하였는가, 아우님?"

수마나의 가느다란 목소리를 들은 수닷따 장자는 깜짝 놀랐다. 혹시 혼인을 하지 못한 것 때문에 충격을 받아 정신착란이 온 것인가 싶었다. 장자는 눈물을 삼키며 달래듯 말했다.

"이 아버지도 알아보지 못하다니. 아가, 지금 네가 몸과 마음이 너무 약해진 나머지 정신을 놓았구나."

하지만 수마나는 고개를 저으며 단호하게 말했다.

"아니, 그대는 나의 아우님이야. 그리고 난 지금 전혀 두렵지 않아. 그대가 나의 아우라는 것은 분명히 사실이기 때문이야."

수닷따 장자가 딸의 알 수 없는 행동에 잠시 정신이 멍해진 사이 수마나는 숨을 거두었다. 장자는 딸의 죽음이 믿기지 않았다. 그는 평소에도 수행을 게을리하지 않았지만 도저히 슬픔을 참을 수가 없었다. 수닷따 장자는 수마나의 차가운 손을 잡으며 참았던 울음을 터트렸다.

천상에서 태어난 수마나의 기쁨

수마나의 장례식을 마친 수닷따 장자는 슬픔에 잠겨 부처님께 찾아갔다. 아무리 지우려고 해도 수마나의 마지막 모습이 뇌리에서 잊히질 않았다. 장자는 도대체 왜 사랑스러운 막내딸이 이토록 참담한 죽음을 맞게 되었는지, 자신을 왜 아우라고 불렀는지 알 수 없었다. 그의 물음에 대답을 해 줄 수 있는 분은 오직 부처님밖에 없었다.

"부처님이시여, 수마나가 맑은 정신이었다면 어찌하여 죽음을 앞두고 저를 아우라 부른 것입니까? 저는 도저히 알 수가 없습니다."

"수닷따여, 수마나는 세속의 인연으로는 그대의 딸이었지만 수행에 있어서 그대보다 높은 경지인 사다함과를 성취하였기에 그대를 아우라고 부른 것이다. 그녀는 매우 맑은 정신으로 죽음을 맞았다. 또한 수마나는 그대의 딸들 중 가장 선근이 깊고 수행의 성취가 높았기 때문에 세상을 떠나기 전 세속에서 이미 벗어났고, 지금은 도솔천에 태어났느니라."

부처님의 말씀을 들은 수닷따 장자는 안도하며 눈물을 흘렸다. 이에 부처님은 수마나의 죽음과 도솔천에 태어남에 대한 게송을 읊으셨다.

그는 이 세상에서 즐겁고 다음 세상에서도 즐겁다.

이처럼 선업을 지은 이는 양쪽 세상 모두에서 즐거움을 누린다.

이 세상에서는 선업을 쌓아 놓은 것에서 오는 정신적 기쁨을 느끼고

더욱 즐거운 것은 천상에 태어났을 때이다. 🌸

표기 대조표

• 아래의 내용은 각 항목마다 한글 표기 기준 가나다순으로 정렬되어 있습니다.

인명·부처명

한 글	빨 리 어	한 자
데와닷따	Devadatta	提婆達多
땅하	Taṇhā	渴愛
라가	Ragā	貪欲
라훌라	Rāhula	羅云
마간디야	Māgandiyā	摩建地迦
마라	Māra	摩羅
마야	Māyā	摩耶
마하깟사빠	Mahākassapa	摩訶迦葉
마하꼬살라	Mahākosala	摩訶拘薩羅
마하목갈라나	Mahāmoggallāna	大目犍連
마하빠자빠띠	Mahāpajāpatī	大愛道
말리까	Mallikā	末利
미가라	Migāra	彌迦羅
빔비사라	Bimbisāra	頻毘娑羅
빠따짜라	Paṭācārā	鉢吒左囉
빠세나디	Pasenadi	波斯匿王
사리뿟따	Sāriputta	舍利弗
사마와띠	Sāmāvatī	舍摩
산자야	Sañjaya	刪闍耶
수닷따	Sudatta	宿大哆

285

수부띠	Subhūti	須菩提
수자따	Sujātā	善生女
숫도다나	Suddhodana	淨飯王
시하하누	Sīhahanu	師子頰王
싯닷타	Siddhattha	悉達多
아난다	Ānanda	阿難陀
아누룻다	Anuruddha	阿那律
아라띠	Aratī	嫌惡
아바야	Abhaya	阿婆耶
안자나	Añjana	安闍難
암바빨리	Ambapālī	菴羅波利
야소다라	Yasodharā	耶輸陀羅
옥까까	Okkāka	鬱摩
우데나	Udena	優陀延那
웁빨라완나	Uppalavaṇṇā	蓮花色
위사카	Visākha	毘舍佉
제따	Jeta	祇陀
조띠빨라	Jotipāla	火鬘
지와까	Jivaka	耆婆
찐짜	Ciñcā	戰遮
찬나	Channa	車匿
케마	Khemā	差摩
쿳줏따라	Khujjuttarā	久壽多羅

지명·국명

한 글	빨 리 어	한 자
강가	Gaṅgā	恒伽
까삘라왓투	Kapilavatthu	迦毘羅國
꼬살라	Kosalā	拘薩羅
꼬삼비	Kosambī	賞彌
꾸루	Kurū	拘樓
꾸시나라	Kusināra	拘尸那伽羅
딱까실라	Takkasilā	德差伊羅
라자가하	Rājagaha	王舍城
룸비니	Lumbinī	藍毘尼
마가다	Māgadhā	摩竭陀
보드가야	Bodhgayā	佛陀伽耶
사르나트	Sārnāth	鹿野園
사왓티	Sāvatthī	舍衛城
사께따	Sāketa	沙計多
아완띠	Avanti	阿般提
앙가	Aṅga	鴦伽
와라나시	Vārāṇasī	波羅奈
왓지	Vajjī	跋祇
우루웰라	Uruvelā	優樓比螺
웃제니	Ujjenī	優善那
웨살리	Vesāli	毘舍離

개념어

한 글	빨 리 어	한 자
니르바나	Nirvāna	涅槃
릿차위(族)	Licchāvi	離車
브라만	Brahman	婆羅門
사캬(族)	Sakyā	釋迦
아소까	Asoka	無憂樹